TÓMALO con FILOSOFÍA

ANDREA COLAMEDICI
Y MAURA GANCITANO

TÓMALO con FILOSOFÍA

MANUAL DE FLORECIMIENTO PERSONAL

HarperCollins *Español*

Los libros de HarperCollins Español pueden ser adquiridos para propósitos educativos, empresariales o promocionales. Para más información, envíe un correo electrónico a SPsales@harpercollins .com.

Título original: *Prendila con Filosofia*

Publicado en Italiano por HarperCollins Italia 2021

PRIMERA EDICIÓN DE HARPERCOLLINS ESPAÑOL

Copyright de la traducción de HarperCollins

Traducción: Daniel Torres Ramírez

Diseño adaptado de la edición original en español de Mariana Ugalde | et al

Imágenes en las páginas 82 y 86: © Adobe Stock

Este libro ha sido debidamente catalogado en la Biblioteca del Congreso de los Estados Unidos.

ISBN 978-0-06-322430-8

22 23 24 25 26   LSC   10 9 8 7 6 5 4 3 2 1

*La filosofía no es una construcción
de sistemas, sino la resolución tomada de
una vez por todas de mirar ingenuamente
dentro y alrededor de uno mismo.*
Henri Bergson

Quien celebra, enfrenta todo el camino.
G. I. Gurdjieff

ÍNDICE

FIN

Has recorrido un largo camino para llegar aquí. Sentirás el cansancio. El problema de la vida es que, precisamente cuando piensas que se termina, en realidad está apenas comenzando. Y viceversa. Pero no lo sabes, y luego necesitas dar vuelta a la página muchas veces, para entenderla de verdad.

Es común a varias tradiciones espirituales, la historia de aquella persona que, habiéndose enterado de la existencia de un gran tesoro, se empeña en buscarlo durante décadas por todo el mundo. Y al final, vuelve a su casa solo para descubrir que el tesoro estuvo siempre escondido en su propio jardín. Por lo tanto, ¿habrá sido inútil todo ese viaje? Trata de pensar en ello. No: marcharse lo más lejos posible de casa era el único modo que había para descubrir el tesoro escondido en ella. Si no hubiera estado en otro lugar todo ese tiempo, no habría sido posible siquiera imaginarse tener un tesoro en el jardín.

Una maravillosa variación de esta historia se encuentra narrada en *El lenguaje de los pájaros*, un poema del místico sufí persa Farīd ad-Dīn Aṭṭār, donde todas las aves del mundo deciden partir en busca de Simurgh, su mítico rey. Después de un largo viaje, llegan ante él solo treinta. «Había treinta cuerpecitos, ya desprovistos de plumas y alas, débiles y enfermos, con el corazón roto, las almas y miembros destruidos. Y aun así experimentaron la presencia de algo inefable, situado más allá de los confines del intelecto. [...] Pudieron contemplar el rostro de Simurgh. Observando más atentamente, se dieron cuenta de que los treinta pájaros no eran otra cosa que Simurgh mismo, y que Simurgh era los treinta pájaros: todos ellos estaban abrumados y asombrados, y, sin embargo, no podían comprender en qué cosa se habían convertido».

Otra posible variación se encuentra en las *Diez imágenes de buey* de la tradición espiritual china de Wen-Jen Hua, de los pintores literarios de la era Sung, en la que se representa a un pastor que parte en busca de un buey. Después de haberlo hallado, lo amansa y lo lleva a casa, y al final el buey desaparece primero y luego el propio pastor se esfuma de la escena. Cuando el monje Tai-An le preguntó al maestro Pai-Chang qué es el budismo, este le respondió: «Es estar buscando un buey mientras lo montas».

El propósito de este libro es mostrarte cuán erótica es la complejidad del mundo que estás montando y cuánto vale la pena empeñar toda tu energía en conocerlo, sin olvidar que tú *ya eres* ese buey, esa amorosa complejidad, y que puedes contemplarlo practicando filosofía.

No olvides que este es el objetivo de la filosofía: ser un puente para cruzar y no una casa para vivir, como explicó Simone Weil: «Los puentes de los griegos. Los heredamos. Pero no sabemos usarlos. Creíamos que fueron hechos para construir casas. Tenemos rascacielos elevados a los que agregamos continuamente niveles. No sabemos que son puentes, cosas hechas para pasar por ahí, y que por ellos se llega a Dios».

Buen cruce.

No pares.

PREÁMBULO

Vivimos en un estado de constante ansiedad por nuestro rendimiento. Siempre debemos estar listos para reaccionar, para cumplir bien, nos sentimos (y estamos) en constante evaluación, vivimos los días intentando realizar la mayor cantidad posible de cosas, con la esperanza de no sentir culpa cuando vayamos a dormir por la noche. Sin embargo, no somos felices, no sentimos que vamos por el buen camino, no encontramos alternativas. No nos sentimos alineados con nuestra vocación profunda, en un estado que nos permita florecer.

¿Existe una forma de romper este círculo vicioso y transformar verdaderamente la propia existencia? Sí, y viene de algo que hoy se desprecia, porque se considera abstracto y separado de la vida concreta: la filosofía.

La idea común es que la filosofía es aquella cosa con la cual o sin ella, te quedas como estabas. Pero no es así, desde su origen la filosofía ha sido el arte de vivir, o el arte de existir, como escribió Pierre Hadot al respecto. Y no fue solo teórico, fue sobre todo práctico. Tenía que ver con ejercicios y prácticas cotidianas que juntos constituían el cuidado de sí, que los griegos denominaban *epimeleia heautou*.

Este libro es, por lo tanto, la respuesta a la pregunta que en nuestra labor recibimos con mayor frecuencia: ¿cómo se puede alcanzar el florecimiento?

De hecho, desde hace algunos años empezamos a hablar del florecimiento personal, proceso fundamental en la filosofía antigua que permite un desarrollo armonioso de la persona. Hablamos de ello en las redes sociales de Tlon (este es el nombre de nuestro proyecto filosófico), en conferencias, videos, libros (también en *Liberati della brava bambina* [Libérate de la chica buena], publicado por HarperCollins Italia en 2019), pero no habíamos creado todavía un verdadero manual de florecimiento personal.

La idea fundamental es que la filosofía no es solo teoría, sino que nace como una práctica transformadora que ayuda a comprenderte y activarte a ti mismo y al mundo. De esto se trataba la filosofía antigua, capaz de desarrollar una serie de herramientas simples pero potentísimas, que todavía hoy resultan efectivas si se vuelven a pensar y reconsiderar para nuestro tiempo.

En un presente como el nuestro, lleno de riesgos y posibilidades, para alcanzar un florecimiento personal sano se necesitan indicaciones botánicas, para que el florecimiento del individuo finalmente se convierta en un florecimiento colectivo. Para que lo que suceda dentro de ti pueda crear un pequeño cambio incluso afuera; para que una parte del compromiso que pones en tu viaje personal esté dedicado al compromiso con los demás.

A menudo sucede, de hecho, que aquellos que se dedican a su propio camino se olvidan de otras personas, o que quienes se dedican tanto a los demás, se olvidan de sí mismos. El camino del florecimiento es, en cambio, un puente que une al yo y al tú, para que en tu vida haya un diálogo interior y exterior constante y fructífero.

Se trata de descubrir el valor de cuidar, renunciar a la necesidad de control y al engaño de la omnipotencia, y elegir aquello que humanamente eres, al grado de sostenerte sin perder el aliento ni ceder a la pereza. En otras palabras: encontrar el equilibrio por medio de la olvidada virtud de la templanza.

Se trata de liberarse de la ansiedad de un desempeño perfecto y actuar de acuerdo con los propios deseos, el propio tiempo y las propias inclinaciones, sin vergüenza y sin autocensura, cultivando la maravilla y siempre tratando de escuchar la vocación personal.

En este libro queremos ofrecerte escenarios tanto teóricos como herramientas prácticas, para que la filosofía se convierta en una práctica de la autoeducación en tu vida.

Por lo tanto, hemos concebido una serie de caminos de lectura diferente, a través de los cuales realmente puedes *tomarlo con filosofía*. Puedes leer este libro como si fuera un texto normal, de principio a fin, ignorando las indicaciones de viaje, o darle la bienvenida a los desafíos que encontrarás al calce de cada capítulo y disponerte de nuevo a proseguir en un punto diferente del texto. El modelo es el del libro de juegos de rol y de historias en encrucijadas, que son aquellas obras que requieren la participación activa de los lectores, que eligen su camino entre dos o más alternativas.

Algunas rutas serán muy cortas y durarán un puñado de capítulos, mientras que otras tocarán muchos. Solamente una cubrirá la longitud completa del texto. Pero recuerda: no hay una manera mejor que otras para experimentar este libro.

Lo que importa es jugarlo en serio.

Después de todo, nada te impide volver a leerlo modificando las opciones. Será un libro diferente cada vez. No puedes nadar dos veces en el mismo río, como advirtió Heráclito. Porque el río siempre será nuevo y el agua siempre será diferente, pero también porque nosotros mismos cambiamos a cada momento. Cada encuentro es siempre un intercambio entre un nuevo libro-río y un nuevo yo.

De nuevo, buen viaje.

1

CONFIANZA

Necesitamos tu confianza. Te lo decimos de inmediato, porque es posible que hayas tomado este libro en tus manos con reservas. El peso de un mundo hostil y de una serie de experiencias negativas que has acumulado a lo largo de los años te impide dejarte andar libremente. Quizás hoy seas una persona un poco más cínica de lo que eras hace tiempo, y esto te desagrada, pero no se puede cambiar de actitud.

No demos la vuelta: para hacer un cambio de perspectiva necesitas confiar al menos un poco, y también comprometerte. Te ofreceremos ejercicios, pero no tendremos control alguno sobre cómo los pondrás en práctica y ni siquiera sabremos si los pondrás en práctica.

DARSE CUENTA

Empecemos con un ejercicio muy sencillo: darse cuenta. Date cuenta de que estás leyendo. Date cuenta ahora de que estás pasando la mirada a una serie de signos oscuros dispuestos en filas horizontales sobre un fondo claro. Nota que algo sucede. Leer no es una actividad trivial, pero lo damos siempre por sentado. Es un acto misterioso que realizamos en piloto automático: lectura significa decodificación. Existe un código compuesto por símbolos a los que damos colectivamente significado y que desciframos cada vez.

Casi nunca nos damos cuenta, al igual que no nos damos cuenta de que estamos respirando, de que tenemos un corazón que late. Hay que colocarse tras lo que existe y ver que el mundo en el que estamos es un planeta diminuto que se mueve de manera continua alrededor de una estrella en un universo del que todavía no sabemos prácticamente nada, aunque sepamos muchísimo más de lo que sabían nuestros bisabuelos.

¿Por qué no nos damos cuenta? Porque es cómodo y fácil, porque da miedo, porque sería imposible vivir una vida normal con esta conciencia persistente, porque a fuerza de golpes hemos aprendido que es mejor dejar de lado este terror de vivir y aprender a no prestar atención. Sin embargo, esta contención que implementamos cuando nos hacemos adultos no solo suprime el horror, sino que también se lleva la maravilla. Después de todo, no son tan diferentes.

Platón escribe en el *Teeteto* que el filósofo está lleno de asombro, y que el comienzo del filosofar es precisamente eso. En griego antiguo, *thauma* significaba al mismo tiempo asombro y consternación. El punto no era que aquello de lo que uno se maravillaba fuera bueno o malo, sino la disposición, la actitud. Y en cambio, hoy por miedo de vivir lo que da miedo, siempre eliminamos también lo sublime, lo que nos mueve y nos abre a un nuevo entendimiento. Aquellos que quieran hacer filosofía o aplicarla con la esperanza de obtener buenos frutos, como tú que estás leyendo este libro, no pueden dejar de estar dispuestos a ver que podría cambiar su punto de vista. Restringirte a hacer lo que crees que eres, lo que sabes o crees saber, la visión del mundo que te has construido, se convierte en un límite si quieres llevar una vida filosófica. Que nunca es una vida perfecta, pero siempre es una vida fértil, llena de pensamientos, pausas, aceleraciones, laberintos. Una vida llena de vida.

Así que confía en mí, porque en un mundo que te empuja a que busques solamente lo positivo —y siempre con un poco de sospecha y desconfianza—, la confianza puede sorprenderte. Involucrará fatiga, porque no es un hábito, a diferencia de lo que sucede con los niños, que también confían en ti cuando no deberían. Y quienes, de hecho, se maravillan siempre, de todo.

PRESTA ATENCIÓN

Prestar atención es el primer paso del florecimiento. Poner atención a algo y dejar que se desprenda del trasfondo, déjalo emerger de esa única dimensión que llamamos el mundo, aléjate de ese error de perspectiva del pensamiento que coloca todas las cosas en un mismo piso, como vecinos. Presta atención al periódico, hay gestos ordinarios y obvios, desde el hipo hasta el desayuno. Porque nada ni nadie es normal, como veremos. «Un sujeto normal es esencialmente uno que se coloca en la posición de no tomarse en serio la parte del propio discurso interior», escribió al respecto Jacques Lacan. Esto no es normal, como acabamos de ver, el gesto de lectura que estás haciendo en este momento.

Te estarás dando cuenta de que leer a menudo significa *escuchar* una voz interior que lee (de hecho, quien se entrena para la lectura rápida debe aprender, como primer objetivo, cómo apagar esa voz). Normalmente quien te acompaña es tu voz, pero a veces resulta ser la de otra persona: te habrá pasado, por ejemplo, que al leer la publicación de un amigo tuyo escuchas en tu interior la voz de tu amigo. Es algo que puedes elegir, si entrenas. Un poco como en una película en Netflix, donde puedes seleccionar el idioma de lo que estás mirando: de la misma forma en que puedes cambiar o excluir la voz que te lee el libro a medida que lo lees. Por ejemplo, intenta leer las siguientes líneas como si tu abuela las estuviera diciendo. ¿Qué dices, tiene algún efecto? ¿Te da escalofríos o te deja indiferente?

Ahora intenta usar la voz de una persona famosa que te guste (Nino Frassica, por decir algo, o Carmen Cónsules). Como verás, o mejor dicho, como lo sientes, leer nunca es solo lectura. A veces también es un poco cantar. Y siempre es un ejercicio de imaginación.

Es difícil para los adultos hacer a diario estos ejercicios, porque se sienten estúpidos. Pero estúpido proviene de *stupeo* (asombro), así como estupor: estúpido es el que se asombra. Tener miedo de parecer estúpido, incluso para ti mismo, incluso si nadie nos está mirando y juzgando, significa perder la oportunidad de sorprenderse.

Y jugar, porque la filosofía está ligada al juego y a la práctica más de lo que crees. En otras palabras, se trata de fertilizar con una mirada lo que pasa en tu vida cotidiana, en tu rutina, sin estar buscando quien sabe qué gran experiencia innovadora. Se trata de sentir más intensamente esta vida aquí, que ya es infinita por derecho propio.

BIBLIOMANCIA

Otro juego filosófico puede partir, entonces, precisamente del objeto que tienes frente a ti.

Hay libros que han cambiado nuestras vidas no porque fueran en realidad extraordinarios, sino por la manera en que los hemos leído y por lo que hicimos cuando los leímos. Esta es una relación, y para que haya confianza, por lo tanto, te pedimos que cierres y vuelvas a abrir el libro al azar, señales con el dedo y leas lo que encuentres escrito. Es obligatorio, pero nadie puede controlarte y saber si realmente lo has hecho, aparte de ti. Así que vamos de nuevo: cierra el libro al final de esta oración, haz una pregunta que sea importante para ti ahora mismo y vuelve a abrirlo al azar, apuntando el dedo en una línea, luego nos volvemos a encontrar aquí, en la próxima línea.

Aquí vamos de nuevo. Si en lugar de cerrar el libro, apuntas con el dedo al azar y luego vuelves a leer, simplemente has continuado leyendo esta línea. Nadie te lo reprochará. En cualquier caso, eso que no hiciste: ¡coraje, hazlo ahora, vamos! —se llama *bibliomancia*, y no es una invención nuestra sino una forma de la *esticomancia*, es decir, el antiguo arte de extraer una frase e interpretarla a la luz de una pregunta sobre la vida de quienes consultan el oráculo—. Antes de la aparición de los libros se insertaban en un jarrón de barro algunas frases que se extraían al azar y que, por lo tanto, constituía las respuestas para el consultante.

En la antigua Grecia se utilizaron los textos de Homero y Hesíodo y Heráclito, luego los romanos agregaron a Virgilio a la lista. Con el tiempo, se empezó a utilizar *La Biblia*.

El mismo Agustín de Hipona era un usuario entusiasta, un verdadero *bibliomante*.

Practicar la bibliomancia es muy sencillo: son suficientes un libro, un estado de ánimo relajado y un poco de confianza. No hay nada complejo en la práctica en sí: el consultante debe hacer una pregunta (no por fuerza de forma oral) y abrir el libro frente a sí en una página al azar, sin mirar. Entonces debe comenzarse a leer la primera frase que te llame la atención: ella constituirá la respuesta. Obviamente, es necesario evitar cualquier intento, incluso inconsciente, de hacer trampa: no utilices, por ejemplo, libros que conozcas de memoria o que tengan marcas especiales (páginas dobladas o rotas, separadores) que puedan sugerir lo que estás a punto de leer. Al mismo tiempo, la elección del libro no puede ser aleatoria. Tienes que elegir un texto que de alguna manera sea *sagrado*, pero no en un sentido objetivo o religioso. Debe ser un texto que tenga un valor, en sentido etimológico, de *separación* para ti como lector, es decir, debe ser diferente de casi cualquier otro libro (aunque tal vez nunca lo hayas leído). Debes tener la sensación de que es capaz de hablar, o mejor dicho: de hablarte, de iluminarte su propia área de sombra.

Hay libros con los que funciona mejor —por lo general, los clásicos de la literatura—, y otros con los que simplemente no se puede. En cada caso estamos hablando de un juego, es decir, algo que no es *verdad* y no quiere serlo: su objetivo es aprender a crear la condición de maravillarse.

BUSCA LAS SEÑALES

Parece que los humanos tienen dos problemas con el juego: o lo consideran algo ridículo —es para niños, ¡no es cosa de adultos!— y, por lo tanto, evitan cualquier oportunidad para jugar, o se creen todo lo que sale, es decir, todos los signos resultantes, indiscriminadamente.

Hay quienes tienen tanto miedo de jugar que viven sin detenerse y miran solo frente a ellos, por temor a que el mundo pueda darles instrucciones, porque eso les daría a entender que no tienen control sobre sus vidas. Piensa en *Un cuento de Navidad* de Charles Dickens, en *Hechizo del tiempo* o en *Milagro en la calle 34*. Otras personas, por otro lado, ven señales en todas partes, como si el mundo siempre hubiera estado interesado en sus anónimas vidas mortales.

En ambos casos se trata de una actitud dogmática, mientras que la mejor forma de jugar es como si las respuestas siempre fueran verdad. Compórtate como si fuera un ejercicio de pensamiento que nos ayude a salir del rol social que tenemos, de la imagen árida y granítica que nos formamos de nosotros mismos mientras pretendemos que el mundo entero es otra cosa. Es la filosofía de la celebración, como veremos.

Entendamos mejor: el caso es que desde siempre el ser humano ha buscado signos, indicaciones capaces de ayudarle en las pequeñas elecciones diarias, así como en las grandes decisiones de la vida. Escuchamos la voz del viento, interrogamos a los libros, las estrellas, los mapas, los tallos de aquilea, las monedas, nos quedamos en meditación, esperando una imagen, una sensación, una intuición capaz de iluminarnos. Hemos ayunado, hemos ardido en brasas y hemos arriesgado la vida para recibir cualquier indicación general sobre la antigua pregunta: pero, ¿qué estoy haciendo aquí?

LAS REGLAS DEL JUEGO

Uno de los oráculos más importantes de la antigüedad, como dijimos, es simplemente el *Libro*. No *un* libro específico, sino el libro en sí, concebido como una representación fractal de la totalidad del universo. El arte de interrogar libros para recibir respuestas a nuestras preguntas personales incluso se remonta al antiguo Egipto y ha viajado por casi todas las etapas del desarrollo de la humanidad.

¿Cómo interpretar la respuesta? En algunos casos la respuesta puede ser seca, directa y asombrosa, mientras que en otros será vaga, extraña, incomprensible.

El punto, fíjate, no es haber encontrado una nueva herramienta de adivinación para pedir respuestas a problemas como un padre o mentor en el que se puedan delegar soluciones complejas. Más bien, es un ejercicio para aprender a confiar en el mundo. Para abrirse al azar, al misterio, a lo desconocido. A la idea de que todo habla para quien sepa escuchar, y que no hay nada que deba ser despreciado independientemente: no todo es una señal, sino que la señal podría esconderse detrás de todo.

Puedes usar la bibliomancia mientras haces otras cosas, por así decirlo. Un buen indicador de recepción: mientras escribes un ensayo o un artículo, por ejemplo, para comprender si vas en la dirección correcta de vez en cuando abres un libro al azar y señalas con el dedo; si la cita es relevante, tu antena está funcionando bien. El punto, como de costumbre, es no creer que es verdadero: es solo un juego.

Jugar con la bibliomancia es un requisito previo para ser capaces de convertirse en *cosmomantes* o lectores del cosmos, quienes saben reconocer, jugar e interpretar señales. Tomarte en serio, mientras te ríes de ti.

LA BIBLIOMANCIA EN LA LITERATURA (UNA TRADICIÓN PARA SALVARSE)

Uno de los bibliomantes más atrevidos del siglo xx fue, sin duda, Philip K. Dick, brillante escritor estadounidense a menudo relegado a la categoría de los bichos raros que escriben ciencia ficción para escapar de la realidad. Autor de extraordinarias novelas y cuentos de los que se han extraído películas memorables, solo piensa en *Blade Runner* y *Minority Report*: Dick solía construir sus propias historias a través de técnicas bibliománticas. En una de sus novelas más conocidas, *El hombre en el castillo*, que también se convirtió en una serie televisión homónima (como el título original de la novela), describe una sociedad distópica en que la Segunda Guerra Mundial fue ganada por Hitler y el Imperio Japonés. Algunos personajes en torno a los que se desarrolla la trama practican un uso intensivo del *I Ching* arrojando tallos de aquilea, y el propio Dick admitió públicamente que usó el *I Ching* para elegir el camino a seguir al escribir, cuando se enfrentaba a un rompecabezas o una situación poco clara.

Otros ejemplos de bibliomancia en la literatura están contenidos en la famosa novela de Jules Verne *Miguel Strogoff*: después de la apertura casual del *Corán* en el pasaje «Y no verás más cosas en esta tierra» se decide el castigo que se infligirá al protagonista homónimo: cegamiento. En *La piedra lunar* de Wilkie Collins —según algunos, la primera novela de detectives de la historia—, Gabriel Betteredge solía consultar una copia de *Robinson Crusoe* como si fuera un oráculo. Te hará cosquillas saber que el propio Defoe hizo que el náufrago Crusoe practicara la bibliomancia durante su larga espera en la isla.

En *Corriendo con tijeras* de Augusten Burroughs (de donde se inspiró la película homónima protagonizada por Alec Baldwin y Gwyneth Paltrow), uno de los personajes centrales practica la bibliomancia —en su versión más clásica, es decir, la bíblica, a la que se hace referencia con el término *Bible-dipping*, o inmersión en la Biblia—, como si solo a través del espacio dejado al azar fuera posible penetrar en los misterios de las Sagradas Escrituras. Y no solo eso: a veces también sirve para comunicarse entre mundos, como Philip Pullman hace que Mary Malone haga en su trilogía *Estos asuntos oscuros*.

AVISO

Ahora que el capítulo casi ha terminado, te pedimos que hagas otro pequeño ejercicio de calentamiento. Cierra el libro, pero esta vez no para volver a abrirlo. Ciérralo, toma un respiro y comienza a hablar. Trata de notar que estás hablando: ¿Te ha pasado alguna vez? Haz esto: cuando veas más adelante el signo ✳, detente y habla, con la intención de escuchar lo que dices y cómo lo dices. Hazlo durante un tiempo, por treinta segundos. ¿Okey?

✳

¿Hecho? Es posible que hayas escuchado que esto es extraño y seguro no es la primera vez que eso te sucede, y da un poco de miedo. Usualmente no lo notamos, es como si fuéramos máquinas que avanzan, con independencia de lo que estén haciendo, solo haciéndolo y listo, todos identificados con el trabajo que llevamos a cabo. Practicar el asombro es un acto intencional, tienes que disponerte de forma voluntaria a mirar el mundo de una manera diferente e inusual. El mundo en el que vivimos no nos empuja a hacerlo, al contrario, nos invita a estar siempre identificados con nuestro trabajo, para separar nuestro discurso interior de nuestras acciones y nuestros proyectos. Pero uno no puede prosperar sin aprender a observar el propio yo, como veremos.

Encontrarás que solo necesitas moverte unos milímetros de la perspectiva con la que se mira el mundo para encontrarte frente a un escenario completamente nuevo y, en consecuencia, con un nuevo entusiasmo, una nueva confianza, una nueva felicidad.

TU DIARIO

Antes de concluir el capítulo te pedimos un último acto de confianza, que te ayudará a poner en mejor práctica este manual. Para hacer esto, necesitarás, como apoyo, papel y una herramienta adecuada para escribir, que tendrá que mantenerse cerca mientras lees. Hoy estamos menos acostumbrados a usarlos, debido a la presencia generalizada de la computadora, mas objetos tan simples como un cuaderno y un bolígrafo serán tus importantes compañeros de viaje durante la lectura.

Escribir a mano es fundamental, por muchas razones. Como lo demuestran los estudios de Karin Harman James de la Universidad de Indiana, cuando escribimos a mano estamos forzados a planificar un camino (el de las palabras en la hoja) y damos vida a un resultado muy variable, a diferencia de lo que sucede cuando usamos el teclado de la computadora. Esta variabilidad de la escritura es una oportunidad fenomenal, porque es a través del desorden, la confusión y los errores producidos que pueden mejorarse por sí mismos. Es a través de la *aparición* misma de la dificultad que es posible superarla. Escribir también es una manera de advertir la forma de la propia personalidad apareciendo frente a tus ojos, que no se manifiesta demasiado al elegir Baskerville o Times New Roman, mientras que en su lugar aparece en toda su maravilla en la escritura.

Por este motivo, según Virginia Berninger, quien enseña psicología educativa en la Universidad de Washington y condujo un estudio sobre niños de segundo a quinto grado, al escribir en papel se aprende mejor a pensar:

durante sus pruebas, los niños que escribieron a mano, en lugar de en un teclado, fueron mejores para generar ideas y experimentar una mayor actividad neuronal en áreas asociadas con la lectura y la escritura.

La escritura a mano no solo es útil para los niños, obviamente: también ofrece importantes beneficios a los adultos, como han demostrado los experimentos llevados a cabo sobre asimilación y la reelaboración de conceptos de Daniel M. Oppenheimer y Pam A. Mueller en la Universidad de California en 2014. Es más beneficioso tomar notas sobre el papel que escribirlas en la computadora, porque cuando escribes a mano siempre estás reelaborando el material en directo. Cuando escribes en el teclado, no activas tu habilidad crítica, y terminas apuntando de manera banal todo lo que puedas transcribir. Y es un gran problema, porque la contemplación y organización del texto ayudan mucho a mejorar la comprensión tanto como la memoria.

No se trata de demonizar la tecnología, ni mucho menos. Pero la escritura a mano es, en esencia, una herramienta excelente para pensar mejor. Al esforzarse por escribir las letras, se activa un circuito neuronal que facilita el proceso de aprendizaje. En la misma Universidad de Oppenheimer y Mueller, Matthew Lieberman condujo otros experimentos, no sobre el tema del aprendizaje, sino esta vez sobre la *cuestión emocional*. Lo que se descubrió es que, cuando estás atravesando un momento difícil, escribir en papel aumenta el uso de regiones prefrontales, involucradas en la manifestación de nuestra personalidad y en nuestras relaciones con los demás, y se reduce la actividad de la amígdala (el archivo de nuestra memoria emocional que se ocupa especialmente de controlar el miedo). El efecto es aprender a reconocer y dominar las propias emociones.

Otra consecuencia positiva del uso consciente de la escritura a mano es lo que Sigmund Freud y Josef Breuer definieron como *abreacción* en sus *Estudios sobre la histeria*, es decir, el proceso de descarga y catarsis relativo a las emociones vinculadas a un evento traumático recordado por el sujeto.

Escribir, en resumen, abre espacio en el interior. La escritura es la mejor aproximación posible al *pensadero* que posee el mítico director de Hogwarts Albus Dumbledore, en *Harry Potter*. El pensadero no es más que un fregadero de piedra, que se utiliza para extraer y revisar los propios recuerdos y pensamientos para examinarlos y organizarlos.

Y esto es para lo que sirve: para crear orden. Y también para esto es útil tu cuaderno, que de ahora en adelante llamaremos *Diario del florecimiento*. No dejes que nadie lo lea, guárdalo para ti como si fuera algo muy precioso (aunque ciertamente lo es).

TU PRIMERA CARTA

Abre la primera página de tu nuevo Diario del florecimiento. Estás a punto de escribir una carta. ¿Hace cuánto que no escribes una? Te quedará claro, en este punto, que para escribir una el correo electrónico no es igual: no toca las mismas cuerdas, no puede mover las mismas cosas. El remitente o la remitente de esta carta eres tú *ahora*. El destinatario o destinataria de esta carta son ustedes los que han terminado de leer este libro. Anímate, deshazte de la sensación de *Pero-qué-es-esta-cosa-rara* y di que tú serás quien *eres*. En qué momento te sientes en el proceso de florecimiento; cuáles son tus deseos y cuáles son tus miedos, cómo estás, qué quieres, adónde vas. Hazte la *pregunta* (¿Cómo estoy?) y date una respuesta.

Hazlo en serio, dale importancia al momento. Crea un espacio vacío, sin distracciones, en el que puedas concentrarte independientemente de la hora que sea. Al principio te parecerá imposible pero no, no lo es: durante nuestros talleres hemos visto a miles de personas que no escribieron durante años, que pueden lograrlo durante horas. No necesitas tener talento para la escritura, se requiere la necesidad de contar historias, y eso, sin duda, es propio de todo ser humano.

Vas. Tómate tu tiempo. Cuando acabes, vuelve aquí.

Aquí estamos en tu primera opción sobre cómo continuar leyendo este manual. Como todas las primeras opciones, es crucial y determinará radicalmente el resto de tu viaje. No te enojes, funciona así: esto es lo que también dice Platón en el mito de Er, donde un grupo de almas, tras un largo viaje se encuentran en un lugar donde hay una miríada de vidas posibles en las cuales encarnar. Cada alma puede elegir solo una vida entre las que están disponibles, es como recorrer una sola vía entre tantas que existen. Y cada camino recorrido, cada vida hizo la suya, porta consigo un daimon, un demonio-guía que tendrá la tarea de guiar el alma durante el curso de su existencia.

En el mito platónico, muchas almas hacen la elección de una manera descuidada y apresurada, y eligen la vida equivocada. Se quejan con los dioses y el demonio por la desgracia que han sufrido; sin embargo, habían sido advertidos por el Profeta de Lachesis, quien ofició el rito: «No es el demonio quien te elige, sino tú el demonio. [...] La virtud no tiene amos; cuanto más la honras cuanta más tendrás; cuanto menos lo honras, menos conseguirás. La responsabilidad es de quien elige».

Ahora es tu turno. Tienes cuatro caminos frente a ti.

El primero es una autopista. Rápida, gratuita y perfectamente asfaltada.

El segundo es una carretera rural. Lenta, sin pavimentar, difícil de cruzar, pero con una vista espléndida.

El tercero es un camino provincial. Pasa por varios pueblos.

El cuarto es una gran calle de ciudad. Saturada, llena de señales, muy ruidosa.

Tómate todo el tiempo que necesites y luego responde: ¿Qué vida eliges? ¿Qué camino tomarás hoy? ¿Pasarás por lugares concurridos arriesgándote a perderte o elegirás llegar a tu destino tan pronto como sea posible? Recuerda las palabras de don Juan a Carlos Castaneda: «Todos los caminos son iguales; no llevan a ninguna parte».

Pero no por eso todos son iguales para ti.

Las consecuencias serán visibles en los siguientes capítulos. Por el momento, sea cual sea la elección que hayas hecho, sigue leyendo hacia el capítulo 2.

2

UN ESTADO DE GRACIA.
FELICIDAD Y FLORECIMIENTO

A menudo volveremos a la filosofía del juego durante el viaje que estamos haciendo juntos, porque el tiempo en el que vivimos es extremadamente cínico y desencantado, y los años por venir podrían asustarnos todavía más, inseguros y asustados con la idea de jugar con la vida. Se trata de, por lo tanto, aprender a cultivar el asombro y reencantar el mundo.

Pero ¿qué papel juega la felicidad en este proceso? La sociedad contemporánea está claramente obsesionada con la felicidad, y asocia la idea de felicidad con una especie de aturdimiento, como si fuera la secuela de una gran fiesta. Y así se nos convence de que para ser felices es necesario *tener mucho, ser mucho, hacer mucho*. En una palabra, que siempre es necesario *crecer*, sin descanso y a cualquier precio.

El problema es que el *mito del crecimiento* es una ocupación tan invasiva como para llenar todo el espacio de una vida, es como una especie de rey Midas existencial: transforma en rendimiento a cada momento del día. La felicidad, como consecuencia —mientras estamos comprometidos a tener, ser y hacer—, se vuelve perpetuamente deseada pero intangible, si no fuera por algunos momentos efímeros. Lo cual solo nos deprime todavía más.

QUE TENGAS UN BUEN DAIMON

Para los griegos, el término más parecido a la felicidad era *eudaimonia*: feliz, literalmente, era quien tenía un buen (*eu*) demonio (*daimon*). La antigua idea subyacente era que todo ser humano tenía un demonio que acompañaba sus pasos a lo largo de la vida. Cuanto más bueno era el demonio, capaz y válido, cuanto más valdría la pena vivir la vida que uno iba a vivir.

En la cultura y la filosofía griegas, el *daimon* era un ser a medio camino entre lo divino y lo humano, que a veces tenía la función de mediador entre estas dos dimensiones. El demonio no tenía nada que ver con las fuerzas del mal, no era una entidad oscura, a diferencia de como hoy se nos induce a creer, pero en la antigua religión órfica era la esencia misma del alma que, encontrándose prisionera en el cuerpo debido a una culpa ocurrida en el pasado, buscaba todos los sentidos para liberarse.

El de Sócrates fue sin duda el demonio más famoso de la antigüedad clásica, gracias a la narración de Platón y Jenofonte, primero, y luego Plutarco y Apuleyo. En la *Apología* y en general en los diálogos platónicos el *daimon* es representado como una presencia que se hace notar cuando distrae a Sócrates de realizar ciertas acciones. El filósofo griego seguía mucho las señales y solía caer en trances meditativos profundos y permanecer quieto en medio del camino durante horas. Creía en los mensajes que recibía en sueños, incluso en las proximidades de su propia muerte, y estaba convencido de estar en contacto con un demonio que le impedía tomar algunas decisiones: estaba dispuesto a renunciar a todo si esa voz lo sugería. Aceptó de buen grado incluso la sentencia de muerte porque, si ese demonio no se había opuesto, entonces morir tenía que ser lo correcto. Más aún: ante la posibilidad de escapar a la condena, eligió obedecer al demonio más que a sus potenciales liberadores, y afirmó sentirse obligado a hacer todo lo que éste le ordenó: «Es como una voz que tengo dentro de mí desde la infancia y que, cada vez que se hace oír, siempre me disuade de algo que estoy por hacer, y nunca me convence».

Para los griegos, por tanto, la felicidad no estaba relacionada con la satisfacción de los deseos, sino con el apego al camino que el humano había elegido antes de encarnar y con la bondad del *daimon* que había elegido como mediador. La dirección futura de la vida se originaba en el pasado, de ahí que los deseos transitorios no causaran ansiedad y no definieran el significado de la propia vida.

La palabra *eudaimonia*, por lo tanto, no es un correspondiente exacto de nuestra *felicidad*: cuando menos de lo que hoy entendemos con la palabra felicidad, que interpretamos más como un sinónimo de satisfacción. La célebre máxima de Heráclito *Ethos anthropoi daimon*, traducida por lo general como *el carácter de un ser humano es su destino*, sobre todo significa que estar es la matriz de vivir, y que nuestra estética de la existencia es madre e hija de nuestra felicidad. Según los lugares internos y externos en que vivimos (y cómo vivimos en ellos), estamos más o menos conectados a nuestro sentido profundo, y la satisfacción de un deseo momentáneo tiene poco peso comparada con la actitud con la que estamos en el mundo.

Hoy, por el contrario, vivimos pequeños momentos de satisfacción, que luego desaparecen para hacernos volver a caer en una sensación constante y subterránea de desesperación. Los únicos puntos de referencia con los que contamos son los deseos que, sin embargo, a menudo son inauténticos, inducidos externamente y obsesivos, especialmente si están relacionados con el éxito y los bienes materiales. «Felicidad es lo que detiene el vuelo en pos del deseo», explicaba a propósito de esto Paul Ricoeur.

El deseo, como veremos, no es algo negativo; de hecho, representa una tensión creativa y, como sostenía Gilles Deleuze, los humanos son *máquinas deseantes* o flujos de deseos. En otras palabras, desear no está mal; es más, los deseos deben cultivarse, porque representan dioses aceleradores de la vida, pero a menudo terminan convirtiéndose en elementos de distracción. Pueden acelerar y mejorar el camino en una dirección que ya vemos, pero se convierten en obstáculos cuando en realidad no nos pertenecen, cuando los necesitamos para no cuestionar nuestro camino, para no ver lo que tenemos más allá de nuestras narices.

Y así seguimos saltando aquí y allá, huyendo hacia adelante, para escapar de nosotros mismos, y nos volvemos incapaces de contemplar serenamente la maravilla de *estar aquí*.

¿Y si ya estoy feliz?

FELICES Y/O CONTENTOS

¿Cuál es el sentido del clásico final de las fábulas, aquellas en las cuales los protagonistas viven por siempre *felices y contentos*? No solemos advertir diferencias entre ambos términos, porque también usamos el significado de *contento* para indicar a quien es *feliz*, pero no tanto.

De hecho, no nos damos cuenta del abismo que separa la (verdadera) felicidad de la satisfacción, incluso en un sentido etimológico. Feliz proviene del latín *felix, —icis*, que tiene la misma raíz que *fecundus*, y literalmente significa fértil. Además contento proviene del latín: *contentus*, participio pasado de *continere* (contener), que indica el contenido; estar satisfecho con algo, saciado, lleno.

Si recién terminaste de comer algo que está muy bueno, te sentirás contento, es decir, contento y satisfecho, pero no es seguro que también seas feliz: la felicidad tiene que ver con la fertilidad, con estar embarazado de sí mismo. No con la satisfacción, sino con el sentimiento de estar sacando a la luz algo que nació del encuentro amoroso entre tú y el mundo.

Necesitaríamos aprender a ser al mismo tiempo *felices y contentos*: ese es el *estado de gracia* que conduce a sentirse fértil y al mismo tiempo satisfecho. Se une al deseo de dar, ofrecer, ponerse y ponerse en el mundo, de llenarse de lo desconocido, de la sensación de estar ya completo, ya pleno. En embarazo y postparto.

EUDAIMONIA Y FLORECIMIENTO

Para ser feliz, decíamos, hay que ser fértil, para que el exterior fecunde el interior y el interior pueda florecer al exterior. Es como si *tu mundo interior* fuera la tierra, de la cual crecen plantas y árboles gracias al encuentro con el sol, con el aire, con el agua. Ser feliz cuando algo dentro de ti era solo una semilla y se convierte en flor, cuando después de tanto esfuerzo logra manifestarse, hacerse visible. *Per fare tutto ci vuole un fiore* (Hacer todo lo que necesita una flor), cantó Sergio Endrigo al respecto.

Este es el significado de la felicidad: arreglar el terreno interior, dejarlo ser fertilizado y luego traer al mundo las flores y frutos, presenciando la transformación. Y esta es la razón por la cual autoras y autores de diferentes orígenes (el filósofo Hilary Putnam y el psicólogo Martin Seligman, por dar dos ejemplos) a lo largo de los años han identificado un término común para restaurar a los contemporáneos el sentido de Palabra griega: *human flourishing*, es decir *florecimiento humano*.

El florecimiento es un proceso *especial*: todo el mundo es una distinta flor que surge del encuentro único entre la propia tierra interior y una parte del mundo exterior. Toda persona florece en el espacio público, en la relación con otros seres humanos, en el reconocimiento de un lugar propio en el mundo.

Hablamos de *florecimiento personal* porque cada quien es una flor distinta, tiene un momento distinto para florecer, no tiene que fingir ser más de lo que es, no tiene nada que demostrar. Puede que una flor no haya florecido todavía, pero bajo la tierra húmeda la semilla está llevando a cabo todos los esfuerzos de los que es capaz. Cuando se trata de *crecimiento personal*, por el contrario, a menudo existe el riesgo de transmitir la forma de pensar del espíritu de este tiempo: debes correr constantemente, crecer, acumular, aumentar la *facturación personal* como en una empresa.

Cuando empezamos a hablar de florecimiento personal nos dimos cuenta de que mucha gente entendía inmediatamente a qué nos referíamos y cuál era la diferencia con el enfoque común. Seamos claros: nunca ha existido en la historia de la humanidad tan grande cantidad de personas interesadas en comprenderse a sí mismas y darle sentido a sus vidas. Han existido diversas pequeñas comunidades espirituales, especialmente en la antigüedad, pero no sociedades globales, tan grandes como la nuestra, en las que millones de personas intentan vivir una vida auténtica. En un momento tan crítico y frágil, realmente nos aventuramos a crear el prado florido más grande de la historia.

El interés presente en las masas por escucharse a uno mismo está ligado a una condición de *privilegio* que ahora se extiende a un gran número de personas, a pesar de la crisis y la desorientación de estos años. A pesar de todo, en esencia, tú que tienes tiempo para leer y nosotros que tenemos tiempo para escribir somos seres humanos privilegiados que tienen los medios para sobrevivir y, por lo tanto, podemos ocuparnos de otra cosa. Es un privilegio de tiempo para pensar.

El hecho de que el interés sea tan extenso también crea una serie de estafas, como escribimos hace unos años en el libro *Tu non sei Dio* (Tú no eres Dios): si millones de personas quieren conocerse a sí mismas, el mercado creará de manera natural productos comerciales que ofrecerán esta ilusión, pero serán muy diferentes de los realmente auténticos. La espiritualidad se convierte en un subproducto del capitalismo, en esencia.

El florecimiento personal, por el contrario, no es una aproximación teórica: es una manera extremadamente práctica, pero tan personal que siempre tiene que ser reelaborada por quienes lo transitan.

El florecimiento personal no ofrece técnicas, sino procesos. Sabes que estás floreciendo cuando sientes que algo dentro de ti se está moviendo. Poco a poco, según tus tiempos, a veces con suavidad, a veces con molestia, pero nunca con violencia. Es un proceso que requiere siempre de tu compromiso, reflejo y reelaboración. Debe causarte un poco de fricción, pero sin lastimarte.

Hay que tener urgencia pero nunca prisa; escoger un objetivo fácil pero no sencillo; identificar obstáculos sin exagerarlos. Y, de nuevo, encontrar el ajuste adecuado, la templanza, vivir los momentos fértiles y tener buenas intenciones que no sean puro interés personal, sino disposición a la belleza común.

POR QUÉ SOMOS INFELICES

Es fundamental, por el peso que tiene en el orden del mundo, contribuir al mantenimiento de un espacio apto para la expresión de esa belleza, un espacio que incluya a todas las personas que necesiten expresarse. Uno mismo en un césped es la contaminación que impide el proceso de florecimiento de este; en el caso de los humanos, la principal contaminación es emocional y tiene mucho que ver con el triunfo del interés personal sobre el bien común. Guardarse todo para sí, no compartir recursos, debilitar a otras personas y tomar lo que pudiera ayudarlos a prosperar parece la actitud de una persona astuta y exitosa, pero a la larga empobrece, extingue, elimina energía de todo el ecosistema. Necesitamos percibirnos como individuos, preguntarnos quiénes somos, cultivarnos en soledad, pero también necesitamos mantener relación con el mundo exterior. A final de cuentas, eso es lo que hacemos cada vez que inhalamos y exhalamos. Se trata de una relación fructífera —fértil, de hecho— con el mundo, con todos los elementos que componen nuestro medio ambiente.

En un sentido más amplio, cósmico, la contaminación de mares y tierras, la deforestación, el uso irresponsable de la energía terrestre son precisamente señal de la infelicidad humana, de la incapacidad de vivir con otros, de reconocer dónde está el lugar propio. Lo que hacemos en el exterior es la manifestación de la forma en que contaminamos nuestro mundo relacional, cuando incorporamos en la atmósfera psíquica esos miedos y prejuicios que impiden que el otro emita plenamente su perfume existencial, su propia fragancia de ser humano. El racismo, la xenofobia, el sexismo, la exclusión son smog existencial que daña a todos los miembros de la comunidad contaminada, incluido el que contamina.

Por qué sucede todo esto es muy simple. Continuamos devastando los ecosistemas internos y externos porque realmente no nos sentimos como en casa, y no nos sentimos en realidad en casa, porque realmente no sabemos quiénes somos.

¿FELIZ O CONTENTO?

Escribe, como título de la página: *Las cosas que me hacen sentir bien.*

Ahora escribe todo lo que puedas sobre las cosas que te hacen sentir bien: cuando te deprimas puedes volver a esa página para obtener alivio. Cuando hayas terminado (como de costumbre, tómate tu tiempo) sigue leyendo.

En otra página dibuja una línea vertical a la mitad y escribe encima de la primera columna *feliz* y encima de la otra *contenta* o *contento*. Ahora utiliza el material que acabas de obtener en la página anterior y debajo de la primera columna ingresa todas las cosas que te hacen estar bien y te hacen feliz, mientras que bajo la segunda las que te hacen estar bien y te ponen contenta o contento, tomando como base los significados de los términos recién descubiertos. Cuando hayas terminado, sigue leyendo.

TÓMALO CON FILOSOFÍA

En *Vamos a tomarlo con Filosofía*, los maratones de streaming que organizamos y realizamos entre marzo y abril de 2020, luego se convirtieron en una serie de eventos en vivo en el parque Appio di Roma, hemos abordado el tema de la felicidad en un momento complejo como el que estamos viviendo. Lo hicimos uniendo a cientos de filósofos, intelectuales y artistas: de Umberto Galimberti, Vito Mancuso y Franco Arminio a Jean-Luc Nancy, de Judith Butler, Nancy Fraser y Jia Tolentino a Miguel Benasayag, pasando por Aboubakar Soumahoro, Alain de Botton, Yuval Noah Harari, Peter Singer, Vandana Shiva y muchos otros. Una de las características comunes en la gran mayoría de las intervenciones fue la de repensar radicalmente del concepto de felicidad hoy, que se puede condensar en una pregunta: *¿podemos seguir siendo felices?*

Esta es, en nuestra opinión, la pregunta fundamental: antes de preguntarnos *cómo* podemos ser felices, debemos entender si podemos serlo. Es decir, si en nuestro tiempo hay espacio para la felicidad.

La sociedad del rendimiento tiene una capacidad increíble para ofrecernos esa momentánea sensación de saciedad que saben dar determinadas comidas, determinadas series de televisión y entretenimiento hechas a la medida, una auténtica señal de identidad de nuestro tiempo. Pueden ofrecernos casi cualquier tipo de servicio, oferta, contenido en un clic, y causar molestia e impaciencia inmediatas si el paquete que pedimos a medianoche no llega a la mañana siguiente. No dura mucho, pero es innegable: esta sociedad sabe darnos *placer*.

Lo vivimos en carne propia: como sabrás, estamos bastante activos y presentes en nuestras redes sociales (Tlon), y a menudo nos damos cuenta de lo funcional y satisfactorio que es el mecanismo del *like*. Necesitamos realizar un gran esfuerzo para no jugar a la máquina tragamonedas cada vez que hacemos una publicación y nos dirigimos a la página de inicio para ver cuántos like nos han puesto (y tal vez la publicación era sobre *decluttering digital*, sobre la importancia de desconectarse de la red). No somos inmunes al golpe de dopamina que viene cuando el mundo exterior valora en masa nuestros pensamientos, y decenas de miles de personas optan por conocerlos y hacerse portadores. Pero una buena publicación puede durar uno, dos, como máximo tres días, y es precisamente cuando recibes mucha aprobación que queda una mayor sensación de vacío, casi de fastidio. Este mecanismo te lleva a sentir la necesidad de volver a darle al mundo algo capaz de hacerte experimentar la misma sensación, la misma emoción, una vez más. A la sensación placentera le sigue una abstinencia proporcional, un estado de tensión injustificada que en realidad impide que se manifieste la felicidad.

Si al final del capítulo 1 elegiste la autopista, ve al capítulo 5.
Si elegiste la carretera rural, ve al capítulo 3.
Si elegiste el camino provincial, ve al capítulo 8.
Si elegiste la calle de la ciudad, ve al capítulo 7.

3
UNA EXPLOSIÓN DE CONCIENCIA.
EL CUIDADO DE SÍ

La filosofía nace del asombro, el asombro y el horror de estar en el mundo, desde ese sentimiento de abandono y de esfuerzo que se siente al vivir, de la conciencia de disponer de herramientas limitadas de comprensión. Es un sentimiento del que nos distanciamos, del que tratamos de distraernos, pero que debemos tener presente para poder construir nuestra auténtica vida, para recorrer un camino fértil y sentirnos libres a cada paso.

En nuestra opinión, la filosofía es una actitud, una mirada, un proceso continuo, más que un sistema granítico. Es un método para comprenderse a uno mismo y al mundo, que, sin embargo —debemos decirlo—, a lo largo de los siglos con frecuencia se ha convertido en un intento fallido de describir y controlarlo todo, lejos de las preguntas existenciales y de las vivencias profundas y comunes de los seres humanos. Sin embargo, precisamente allí nació. Como fue capaz de explicar magistralmente Peter Kingsley, «la filosofía contemporánea es una parodia de lo que fue; ya no es un camino hacia la sabiduría, sino una defensa en contra de ella».

La filosofía antigua, al contrario, era un proceso de autoeducación y autoformación, y el objetivo principal era el autocuidado (*epimeleia heautou*). La idea de que deberíamos cuidar de uno mismo fue un tema fundamental de la cultura griega, casi un imperativo, adoptado por muchas doctrinas, y de la cultura romana durante los dos primeros siglos de la era imperial. La idea de cuidarse a uno mismo ha sufrido, por tanto, muchas variaciones, y se ha convertido en un anhelo, una actitud, un estilo de vida, un proceso que toda escuela y toda filosofía ha desarrollado a través de prácticas, ejercicios cotidianos, ideas, historias.

Después de siglos dedicados a intentar crear grandes sistemas filosóficos, la filosofía en el siglo XX volvió al mismo punto, ocupándose del autocuidado, gracias a la obra de autores que en la misma época, y por vías distintas, empezaron a recuperar ideas y herramientas de la antigüedad. Michel Foucault y Pierre Hadot, en particular, empezaron a hablar de tecnologías del yo y de ejercicios espirituales. Eso es lo que intentamos hacer también nosotros, llamando a este proceso *florecimiento personal*.

UN CAMINO A LA MEDIDA

Hablamos de florecimiento porque toda persona tiene deseos, características, distintas inclinaciones, y es imposible que exista un mismo camino para todos, con las mismas etapas y la misma velocidad, como sugiere nuestra sociedad. Nuestro camino debe adaptarse a nosotros, a nuestra vida, al momento que estamos viviendo. No es la persona la que tiene que adaptarse a la técnica milagrosa que finalmente la hará feliz —y que luego la hará sentir una enorme culpa si no la pone en práctica—, sino que la técnica debe surgir de la persona, de escucharse a sí misma.

Si aprendemos a escuchar, a contarnos y dejar aflorar lo que sentimos y deseamos, el florecimiento será un camino fatigoso pero vivo, un movimiento perceptible, sin sentimiento de culpa, sentido del deber, o actuaciones perfectas a realizar. No al *trabajo* sobre uno mismo —que siempre va ligado a la idea de productividad y fracaso, y muchas veces se torna opresivo y competitivo—, sino a la *acción* sobre uno mismo.

Lo llamamos florecimiento personal porque no es una carrera donde todas las personas tienen que cruzar la meta al mismo tiempo, y el punto ni siquiera es cruzar la meta. La idea de alcanzar metas es una ilusión completamente moderna que nos hace vivir la vida en la superficie, con el miedo de que si paramos nos ahogamos, mientras que si seguimos corriendo por la superficie del agua nos quedaremos flotando. El problema es que al hacerlo nunca profundizamos, solo percibimos la brevedad de la vida, y no todas sus dimensiones.

Aclaremos una cosa de inmediato: los filósofos que nos acompañarán en este camino —incluidos Séneca, Marco Aurelio, Epicuro, Sócrates, Epicteto— vivieron la idea del autocuidado casi como un dogma, dando preceptos extremadamente rígidos, con un tono severo que hoy percibiríamos como moralista. Recuperaremos algunas de las ideas y algunos ejercicios que nos transmitieron, pero llevando todo esto al espíritu de nuestro tiempo y a vuestra vida personal.

Como habrás notado, entre otras cosas, los nombres de los filósofos que estamos citando son solo masculinos, porque la filosofía estaba reservada para hombres libres que pudieran dedicarse al autocuidado, mientras que las mujeres y los esclavos se ocupaban del trabajo y otras labores. Es la misma razón por la que el *Manual* de Epicteto está lleno de grandes ideas pero también de declaraciones extremadamente misóginas. Las filosofías griega y romana no eran perfectas, como las sociedades de las que surgieron tampoco lo eran.

Lo que nos dejaron, en todo caso, son las condiciones, una actitud, las prácticas que pueden ayudarnos en la comprensión y la acción, en especial en nuestro tiempo, en el que, a pesar de todo, cada vez es más clara la idea de que todos los seres humanos tienen el mismo valor, independientemente del género y de cualquier otra característica. El cuidado de sí hoy puede, por fin, convertirse en una idea y una práctica disponibles no solo para personas privilegiadas, sino para cualquiera que desee hacerlo. Y puede convertirse en un camino *a la medida* de cada persona, donde todas ellas tienen la oportunidad de que suceda en el momento adecuado y de la manera correcta.

EL MITO DE CRONOS

¿De dónde surge el sentimiento de cansancio y abandono propio del ser humano, del que pretendemos salir? ¿Por qué sucede tan a menudo durante la vida que cada uno se siente arrojado al mundo sin razón, abandonado, forzado al cansancio?

Platón escribió sobre esto hace dos milenios y medio en *Político*, un diálogo entre el joven Sócrates y el extranjero de

Elea, que culminó en la historia del mito de Cronos. Según este mito, habría existido un ciclo anterior al nuestro, aquel donde habitaban los hijos de la tierra y los pastores divinos, donde el dios Cronos cuidaba de los mortales. Fue una época idílica, dice el Extranjero, pero cuando ese ciclo terminó, el cosmos fue abandonado por la divinidad y el ciclo inverso comenzó. El ser humano se encontraba así en el estado de naturaleza y necesitaba proveerse para la procreación y el mantenimiento, *cuidarse a sí mismo*.

Según el Extranjero, en ese momento mítico era el dios quien cuidaba a los humanos, los guiaba a los pastos y los supervisaba personalmente, como hacen los hombres ahora con los animales. Como él era quien los administraba, no había regímenes políticos y no había necesidad de casarse y tener hijos, porque todos se levantarían de la tierra para toda la vida sin recordar nada de lo que habían sido antes.

Al escribir este mito, Platón sabe muy bien que está inventando desde cero algo que no es cierto. Es la imaginación, una clave para explicar la realidad, lo que nos hace percibir algo que —si nos quedáramos con los pies en el suelo— sería invisible. No es, por tanto, una verdad histórica, sino la respuesta narrativa a un sentimiento profundo que hoy tendemos a esconder y que, en cambio, conviene destacar: la vida es penosa, difícil, a menudo árida. Cuanto más tiempo pasa, más tenemos que aprender a ser independientes, encargarnos de muchas cosas. Platón logra describir este sentimiento a través de una historia, diciéndonos que sí, es verdad, alguna vez el ser humano vivía sin preocupaciones, con comida en abundancia, en la belleza, tenía un dios que se preocupaba por él, no había política ni relaciones.

Pero la pregunta del Extranjero a Sócrates —después de haber descrito las diferencias entre la época de Cronos, en la que el dios mismo se hizo cargo de los humanos, y la de Zeus, en la que cada quien tiene que cuidarse a sí mismo—, al final es: ¿podrías y te gustaría juzgar cuál de los dos es más feliz?

Vamos a transmitirte esa pregunta. ¿Cuál es tu respuesta? No tiene que ser inmediata ni obvia: piénsalo realmente, porque aquí es donde comienza el proceso de florecimiento personal. El punto de partida es este esfuerzo de estar en el mundo, esta sensación de abandono. La vida es un camino a lo largo del cual conocerás a mucha gente, pero en el que tendrás que caminar con las piernas, en el que te preguntarás a menudo por qué no puede ser todo fácil, por qué tienes que sudar.

Preguntarse si la vida es más feliz en la época de Cronos o en la época de Zeus en esencia significa preguntarse si estás listo para partir. Si estamos en la que Platón define como el ciclo de Zeus, de hecho, no tenemos alternativa: debemos cuidarnos. La verdadera pregunta es: ¿estamos listos para partir o simplemente nos estamos estancando?

DISCÍPULOS EN LA ESCUELA

La mayoría de los grandes filósofos antiguos tenían una propia escuela, al interior de la cual llevaban una vida comunitaria. Quien era parte de esa escuela no solo tenía que escuchar las enseñanzas, sino seguir instrucciones muy estrictas sobre ejercicios físicos, nutrición y relaciones personales.

Michel Foucault se dio cuenta cada vez más claramente de que esa férrea disciplina tenía algo paradójico: para llevar a cabo la práctica se requerían ejercicios que serían insostenibles para los humanos de nuestro tiempo, que, sin embargo, hicieron a los discípulos más libres de lo que somos hoy día. En una sociedad que nos dice que somos libres de hacer todo, en realidad estamos confundiendo las etiquetas con la identidad, la marca personal con nuestra imagen reflejada en el espejo.

Las tecnologías del yo, como escribe Foucault, permitieron «a los individuos realizar un cierto número de operaciones en su cuerpo y alma con sus propios medios o con la ayuda de otros —desde los pensamientos hasta el comportamiento, a las formas de ser— y con ello lograr la transformación de uno mismo para alcanzar un estado caracterizado por la felicidad, la pureza, la sabiduría, la perfección o la inmortalidad».

Pero si en ese momento tal elección pudo corroborar los esfuerzos del individuo, en la actualidad el riesgo es caer en dinámicas sectarias y manipuladoras, que lamentablemente son frecuentes. A final de cuentas, después de milenios en los que la cultura occidental ha estado empapada de preceptos y dogmas religiosos, que alguna vez pudieron haber sido liberadores —obedecer a ciegas las indicaciones dadas por el Maestro o el Filósofo— hoy se han convertido en condicionantes. Para nuestra psique, y debido a la complejidad de esta sociedad, sería imposible pensar en dar dictados para seguir al pie de la letra, y por ello es fundamental que aprendas cómo diseñar tu laberinto.

En un mundo como el nuestro no hay necesidad de buscar gurús, sino *facilitadoras* y *facilitadores*, es decir, personas que pueden ayudarte a idear y desarrollar una técnica adecuada para ti, que crean un poco de fricción pero sin lastimarte. Se trata de desarrollar una disciplina (de *discipulus*, discípulo, es decir, los que aprenden a través de ejercicios y enseñanzas), pero sin tener a alguien que te controle. Es más complicado, pero puedes hacerte discípula o discípulo de la vida, no de una persona.

¿AUTOCUIDADO O CONOCERSE A SÍ MISMO?

Si piensas en Sócrates, probablemente venga a tu mente de forma inmediata la advertencia del oráculo de Delfos *Conócete a ti mismo*, y no la idea de autocuidado. Si te fijas, siempre le hemos dado una importancia primordial a la idea del autoconocimiento, olvidando que para los griegos el principio fundamental de la vida era, en cambio, cuidarse a sí mismo. El conocimiento era parte de las diversas prácticas del proceso de curación: es decir, era parte de un proyecto más amplio. ¿Por qué lo hacemos entonces?

Poner el autoconocimiento en primer lugar refleja la actitud que tenemos hacia nosotros mismos: debemos saber todo sobre nosotros, tener bajo nuestro control los pensamientos, el significado de nuestros sueños, cada centímetro de nuestro cuerpo. Necesitamos tener el control de todo esto que somos, todo debe ser claro y nítido, resolver lo irresuelto, eliminar todas las dudas. Esto nos empuja a crear una especie de Inquisición interior, para culparnos a nosotros mismos si fallamos en hacer lo que nos propusimos hacer y entrar en crisis si descubrimos que tenemos deseos e inclinaciones imprevistas.

Nada podría estar más lejos del autocuidado como lo pretendían los griegos, que no tenían el impulso de permanecer atados a etiquetas que fueran eternas e inmutables, ni siquiera tenían la misma idea de yo, de persona, de sí. Por su forma de vida era necesario conocerse, pero solo como parte de un proceso más grande, lejos de la ansiedad y la necesidad de control que tenemos hoy.

La idea de subjetividad humana que se nos transmite es similar al de un perfil social —que debe ser coherente, dar siempre la misma imagen y mantener constantemente un mismo tono de voz—, mientras que tanto las tradiciones espirituales como los descubrimientos de la neurociencia nos dicen algo mucho más complejo y fragmentado.

Ahora libérate de la idea de que puedes conocerte a ti mismo a fondo —quizá porque ni siquiera hay un fondo— y adéntrate en la idea de que el autocuidado se compone de una serie de preguntas, elecciones, ejercicios y prácticas a implementar en la medida adecuada para hacer un viaje de florecimiento personal.

Porque el autocuidado tiene que ver con el hogar, es decir, con tu cuerpo y con tu alma, pero en realidad tiene que ver con lo que la *supera*. Cuidar de nosotros mismos significa prestar atención y dar espacio a las emociones, deseos, talentos, proyectos, pero no es un cuidado dictado por la vanidad y el miedo al juicio, sino por el deseo de hacerlo bien. Por esa razón, cuidar de mí significa cuidar una parte del mundo y, al hacerlo, cuidar a los demás también de lo que pongo en circulación.

FILOSOFÍA Y EJERCICIOS ESPIRITUALES

Pierre Hadot fue el primero en enfatizar cómo la filosofía antigua no era solo teoría, sino sobre todo práctica, una práctica *espiritual*. De hecho, no es coincidencia que algunos de los ejercicios desarrollados por los primeros filósofos sean similares a los de muchas tradiciones espirituales, o que incluso hayan sido asimilados por religiones nacidas después de la filosofía.

Hadot señaló que la filosofía antigua era el arte de vivir, y no consistía en especulaciones intelectuales sino en una actitud concreta que comprometía la existencia entera, cuyo propósito no era solo conocer y acumular información, sino comprenderse a sí mismo. El fin era una verdadera transformación de la visión del mundo y de la propia personalidad. Una *metamorfosis* que llevó al cambio de actitud y forma de existir.

Cuidar de sí, conocerse y, por lo tanto, hacer lo correcto: porque la idea de realizar la acción correcta era fundamental para los antiguos, y es el fundamento de esa parte de la filosofía llamada ética.

LA FILOSOFÍA NACIÓ GENIAL

Es fundamental, en este punto, enfatizar que la filosofía antigua tenía una apertura a la trascendencia, a lo invisible y a la espiritualidad que nos cuesta siquiera imaginar. Como escribió Emanuele Severino al respecto, la filosofía nació genial, y muchos historiadores siempre están más de acuerdo con afirmar que Pitágoras, Empédocles y Parménides eran místicos, magos, legisladores, cosmólogos, curanderos, *chamanes*.

Es posible que hayas visitado los lugares habitados por estos personajes con nombres lejanos: Pitágoras fundó su propia escuela en Crotona; Empédocles nació en Agrigento y Parménides en Elea, en la actual provincia de Salerno. Son nuestras verdaderas raíces, pero tendemos a considerarlas distantes e incomprensibles. Para elegir nuestro *mejor futuro posible* en medio de varios escenarios distópicos que vemos en el horizonte solo tenemos una oportunidad: redescubrir nuestro *mejor pasado* y seguir el ejemplo de esa explosión de inicial conciencia.

El cuidado de sí era el arte de refinarse para entrar en conexión con lo que el teólogo Rudolf Otto habría llamado lo *numinoso*, que es el encuentro concreto, tremendo y fascinante con la inmensidad del Otro, con el misterio. Esa es la verdadera culminación de la filosofía: no la comprensión racional de la realidad, que es simplemente el punto de partida en el que muchos se pierden, convencidos de que todo está ahí. No la capacidad de estar en armonía consigo mismos, que es la consecuencia más hermosa de haber aprendido a pensar, sino la alteridad radical, ese poder que sepa deconstruir el ego y mostrar el fondo, el *Abgrund* de la experiencia humana. Carl Gustav Jung escribió sobre eso: «El principal interés de mi trabajo no radica en el tratamiento de las neurosis, sino en el enfoque numinoso. [...] El acceso a lo numinoso es terapia real, y en la medida en que uno llega a las experiencias de lo numinoso uno se salva de la maldición de la enfermedad. La enfermedad asume en sí misma un carácter numinoso». Se trata de la verdadera *experiencia religiosa* que nos pone frente al infinito, *mysterium tremendum et fascinans*. El cuidado de sí aparece, en todo su apogeo, como el cuidado puesto en el campo de lo numinoso que incluso transforma, como dice Jung, el significado mismo de una enfermedad.

La filosofía no es una muestra de erudición o entretenimiento refinado, sino un camino físico, concreto, dirigido a superar todas las superestructuras inútiles que hemos construido a lo largo del tiempo, para aprender a cuidarnos realmente. Hay que ir paso a paso, quitando una capa a la vez, con un poco de fricción pero sin violencia.

CUIDADO DEL CUERPO Y DEL ALMA

Cuando se trata del cuidado de sí, uno podría imaginarse una atención obsesiva sobre sí mismo, el propio cuerpo y el propio tiempo, totalmente vanidosa y egocéntrica. De hecho, nuestra sociedad nos empuja de forma continua a comportarnos y pensar de manera narcisista, y nos transmite la idea de que cuidarse es tener un cuerpo que mantiene los estándares de belleza y que una persona que se cuida siempre está activa, capaz de hacer mil cosas y todas a la perfección.

Es por esta razón que nos sentimos culpables si fallamos en meditar y leer en el espacio de un día un libro, hacer yoga y CrossFit, estar con nuestra familia, cultivar amistades, trabajar, cocinar, tener una casa limpia y en orden, publicar en Instagram, ser voluntarios, escribir una novela, tener un gran desempeño sexual. Es por esta razón que tendemos a llenar cualquier espacio vacío, que siempre intentamos optimizar el tiempo, para capitalizar nuestros talentos, para tener mil compromisos el mismo día. Esto significa que ese espacio vacío acaba asustándonos y nos hace sentir culpables.

¿Qué significa cuidar de sí mismo? Haz lo correcto en el momento correcto y en la medida correcta. No se trata de cumplir con los estándares y marcar las casillas que te convertirán en la persona perfecta, sino de seguir un camino que traces de vez en cuando, que cree una justa medida entre la necesidad de *estabilidad* y la necesidad de *movimiento*.

Cuidar de sí significa reconocer dónde estás y adónde quieres ir y empezar a construir un puente para llegar allí. No se trata de correr un maratón, pero tampoco de renunciar a cualquier cambio. Es la idea del puente para marcar la diferencia, y ese puente lo construyes y lo cruzas a tu velocidad y según tu ritmo, no en un instante, no de acuerdo con un ritmo fijo.

Se trata, como pensaba Séneca, *de acercarse a uno mismo*, y este enfoque debe hacerse con las propias piernas. Después de todo, cuanto más te acercas, más te das cuenta de cuánto ha sido liquidada esta subjetividad, y de cómo este camino no tiene fin. Entonces, ¿por qué no disfrutar del viaje? ¿Por qué esta necesidad de correr, que solo te hará perder el aliento?

Si es verdad que somos responsables de nuestra actitud ante la vida, también es cierto que el espíritu de nuestra época nos induce a que nos resulte difícil esperar, tomarnos el tiempo; nos empuja a querer ser personas performativas, resueltas, perfectas, que tienen todo bajo control. De nuevo, la necesidad de control, de hecho, no tiene nada que ver con los viajes. El camino de aproximación para uno mismo es una aventura, un descubrimiento de lo desconocido; por lo tanto, debe llevarse a cabo de una manera razonable pero sin ansiedad, sin prisas por alcanzar una meta final, porque no existe.

Si queremos recuperar la forma de vida de los antiguos, primero debemos esforzarnos por percibir el equilibrio entre estabilidad y movimiento, abandonar las normas externas y buscar nuestro equilibrio personal, es decir, la justa medida.

Más que el cuerpo o la vida perfectos, preguntémonos cómo estamos, cuáles son las sensaciones y emociones que experimentamos, cuáles pequeñas acciones de cuidado diario podemos empezar a cumplir. Se trata de ser pontífices de sí mismos, para comprometerse y esforzarse, pero sin hacerte daño. Lo que eres ahora es una etapa de tu viaje: no puede ser ni incorrecto ni perfecto, es solo un punto en el laberinto que estás diseñando, el *símbolo natural de la perplejidad*. El mayor maestro de los laberintos de la historia de la literatura, el escritor argentino Jorge Luis Borges, sabía que todo laberinto es escandaloso porque causa *confusión y maravilla* en quienes lo atraviesan, es decir, es una operación propia de Dios y no de los hombres.

Todos somos constructores de laberintos: nuestras calles interiores son tortuosas, entrecruzadas y vertiginosas, y se mezclan en un intento de construir, más que una salida, un tesoro para guardar; y hay un laberinto magistral que es la vida misma, tan similar a lo que Borges describe en la historia *Los dos reyes y los dos laberintos*: un desierto sin escaleras que subir, sin puertas que forzar, sin pasillos por los que pasar ni muros que te impidan caminar.

BIENESTAR Y CUIDADO

No creas que se es demasiado joven o demasiado viejo para cuidar de ti y de tu laberinto, porque este proceso es independiente de todo. En la *Carta a Meneceo*, Epicuro escribió que tampoco se es demasiado joven ni demasiado viejo para cuidar el alma. Es suficiente ser una persona viva que desee aprender.

El cuidado de sí, por lo tanto, tiene que ver con el cuidado del alma y con el cuidado del cuerpo, porque se trata siempre de escuchar sensaciones y emociones que nos envuelven al mismo tiempo física, intelectual y psicológicamente.

En general juzgamos los cuerpos —y los nuestros también— basados en la mirada de nuestra cultura, no de nuestro oído interno. Nuestro cuerpo se vuelve siempre un territorio de investigación y control obsesivos, y perdemos de vista el hecho de que la fisicalidad afecta nuestro estado emocional, nuestra identidad personal, y debería ser un lugar único para reconocernos. Los estándares culturales nos orillan a buscar lo que está mal, más que a *sentir* cómo estamos.

Las mujeres, en particular, realizan *vigilancia corporal* o *monitoreo corporal (body checking)* más a menudo, y esto sucede debido a que las imágenes de cuerpos *perfectos* de hoy ya no provienen solamente de la publicidad y la televisión, sino sobre todo de las redes sociales. Controlan tu cuerpo todo el tiempo, culpándote de que no cumples con los estándares o recordándote que otras personas podrían juzgarte, aunque terminas juzgándote antes que nadie.

En *Beauty mania. Cuando la belleza se vuelve obsesión* (HarperCollins Italia, 2018), Renee Engeln escribe que si otras personas vigilan continuamente nuestro exterior, terminamos haciéndolo también, convirtiéndonos así en observadores más atentos de nuestro cuerpo, preguntándonos a menudo cómo está la ropa, si se te ve la barriga, si otros notarán que tienes un grano, si el cabello está bien: «Partiendo de una cultura que nos recuerda que nuestro cuerpo está bajo observación, nos estamos convirtiendo en los controladores nosotros mismos». Son monólogos internos que absorben tiempo, energía, dinero y colonizan nuestro espacio mental, robándole las preguntas y ocupaciones que podrían hacernos sentir de verdad felices.

La idea del autocuidado, en cambio, tiene que ver con el *bienestar*, y esto siempre implica una liberación de los estereotipos y del acondicionamiento social. El significado común de bienestar está ligado a algo superficial —un cóctel junto a la piscina, tener mucho dinero, un masaje relajante— y no a un estado general del cuerpo y del alma. En cambio, el bienestar es un buen estado de las fuerzas físicas y morales y se relaciona con la felicidad. Se trata de sentirse bien en un sentido general, no solo física sino también mental, emocional e intelectualmente. Si pensamos en el equivalente inglés al que Yale ha dedicado un famoso curso —*well being*—, el significado auténtico es aún más claro: es un estado fértil en el cual *estar bien*. O, para hacerlo más filosófico, para hacer el *bien del Ser*. Tu ser, lo que nadie puede reducir o encasillar a centímetros, dígitos y números.

¿Y entonces qué es bueno? Esto no es algo que sea cierto absolutamente y de cualquier forma para todas las personas, sino algo sobre lo que podemos hacer un signo de interrogación, es algo que tiene que ver contigo, que te hace sentir que el masaje es relajante, por ejemplo, atractivo o repulsivo. ¿Por qué te suscita esta emoción? ¿Qué te mueve? No existe una respuesta verdadera para todos, solo para ti, y solo tú puedes responder esa pregunta.

CUIDADO Y LIDERAZGO

Nuestro mundo no favorece el cuidado de sí, y también se entiende observando cómo se tratan y se juzgan los trabajos de cuidado. Educadores, profesoras, enfermeros, operadores de atención sanitaria y social no son tenidos en alta estima, por ejemplo, tanto desde un punto de vista social como económico. La opinión común los considera trabajos simples, por lo que no es necesario tener grandes habilidades.

Aquellos que se ocupan de cosas realmente importantes, por otro lado: gerentes, directores generales, políticos, expertos en finanzas, industriales, no necesitan tener grandes habilidades de cuidado, pero sí de estrategia, de liderazgo, de previsión. De hecho, liderazgo y cuidado parecen dos cosas muy diferentes, y esta idea contamina muchas acciones y situaciones diarias.

Durante las últimas décadas, el mundo ha seguido un patrón de liderazgo donde la implicación emocional y el factor humano no son importantes, y lo que importa es solo la conquista del resultado. Como están demostrando la neurociencia y las investigaciones sobre los ambientes de trabajo, este modelo ha creado dinámicas tóxicas tanto a nivel individual como colectivo.

Hace unos años realizamos un taller para directores de proyectos de una gran empresa, donde al principio —como sucede a menudo— fingieron que los procesos del negocio eran perfectos y que no había ningún problema interno. Durante la reunión, sin embargo, empezaron a decirnos que los protocolos internos y los ritmos de trabajo los hacen sentir ansiosos y estresados todo el tiempo. En algún momento una empleada dijo una frase que nos llamó mucho la atención, porque describe bien la forma en que mucha gente vive su vida diaria: «Mi marido dice que cuando dejo el trabajo me *reencarno*».

Básicamente, en el trabajo se convierte en otra persona, irreconocible, identificada con esos ritmos inhumanos, y la vida laboral es tan discrepante con respecto a la vida personal que su marido ha encontrado esta imagen para explicarlo. ¿Cuántas personas conoces que se encuentran en la misma situación? ¿Es algo que estás experimentando tú también?

Nuestra sociedad es cada vez más performativa, nos empuja a pensar en nosotros mismos como máquinas eficientes, y no como organismos que tienen ritmos y características que cambian constantemente y que deben atenderse. El rendimiento no tiene nada que ver con el cuidado, porque representa un ritmo lineal externo, siempre idéntico a sí mismo, que no tiene en cuenta a la persona.

Muchas empresas, gracias a los estudios y datos recogidos por las escuelas de negocios y los institutos de investigación, están comenzando a darse cuenta de esto y a desarrollar nuevos modelos de liderazgo basados en emociones, deseos y talentos de las personas involucradas en un grupo de trabajo. Esto no solo se aplica a las obras y a las humanidades, sino quizás sobre todo a las tecnociencias: el resultado por sí solo no expresa el *sentido* de lo que están haciendo juntos, y el deber de lograr algo no puede reemplazar el involucramiento de las personas que están trabajando en eso.

Por tanto, no es cierto que el liderazgo y el cuidado sean dos cosas diferentes; de hecho, si el liderazgo de hoy quiere ser auténtico, estable y elástico, solo puede prestar atención a las personas y su estado emocional. No puede ignorar el valor del cuidado.

EL EXAMEN DE CONCIENCIA

Ya conoces algunos de los ejercicios de autocuidado, porque fueron absorbidos por la cultura católica que, sin embargo, cambió su significado y dirección. El examen de conciencia, por ejemplo, fue practicado por los pitagóricos, desde Sócrates, por los estoicos y los epicúreos, y sirvió para dirigir atención a las acciones e intenciones del día, comprender cada vez mejor los medios y los fines adecuados para tu propio camino.

Hoy asociamos, de manera equivocada, este ejercicio con la idea de tener que identificar y condenar los pecados cometidos, precisamente por ello es importante recuperarlo, devolverle su valor original, limpio de sentimientos de culpa.

El examen de conciencia que te invitamos a realizar está destinado a verificar en qué medida tu conducta de todos los días se ajusta a la regla de vida que elegiste abrazar. Nada se gana ni se pierde: simplemente se observa. En esencia, se trata de repasar, de la última a la primera, las distintas situaciones en las que nos hemos encontrado durante el día.

Antes de irte a dormir, pregúntate: *¿Qué mal he sanado hoy? ¿A qué vicio me he resistido? ¿Qué parte he mejorado de mí mismo?*, y vuelve sobre tus acciones a la inversa, desde el final hasta el principio. Anota en tu cuaderno los momentos del día en los que entendiste algo importante. El examen de conciencia puede convertirse en una herramienta fundamental para esclarecer y renovar los fines y causas de tus acciones y comprender dónde te encuentras en tu camino. Es una brújula esencial para tener siempre clara la ruta, mientras que el resto del mundo parece estar viajando como loco.

No necesitas entender grandes verdades absolutas todas las noches, es suficiente realizar un seguimiento en tu Diario del florecimiento de los momentos significativos, a los que quizá todavía no puedas dar significado. Es una madeja todavía enredada de la que se empiezan a distinguir los hilos, es decir, los días: uno a la vez. Un juego interminable de encrucijadas.

En una encrucijada hay quienes, aterrorizados, se detienen y regresan. Luego están los que eligen, y van hacia la derecha o hacia la izquierda. Te ofrecemos en cambio la posición de Yogi Berra, brillante jugador de béisbol americano que dijo: «Si te encuentras con una encrucijada, tómala». No es fácil: tomar una encrucijada significa mantener unido el mayor número posible de mundo, sin perderse entre los lados, entre el sí y el no absolutos, entre el pro y el contra sin importar. La encrucijada es más que la suma de los dos caminos: es la condición de quien quiere más vida y está dispuesto a esforzarse más, a perder el tiempo para descubrirlo. Sobre todo, tomar la encrucijada significa permitirse el lujo de enamorarse de todo, sin renunciar al discernimiento. Elegir la no elección, no tener que someterse a una u otra cosa que la vida parece imponer, ir más allá. Es una cuestión de proposiciones: es una cuestión de elegir, no de elegir *entre*.

¿Qué estás haciendo ahora?
Si eliges cruzar, ve al capítulo 10.
Si eliges uno de los dos caminos, ve al capítulo 6.

4
UNA GESTIÓN ARMÓNICA. LA BREVEDAD DE LA VIDA Y LA TEMPLANZA

Hay un pequeño libro, escrito hace muchos siglos, que explica qué ilusorio es correr hacia una meta futura, con la percepción constante de que la vida es corta y que el descanso solo puede llegar en la vejez.

Si sientes un temor reverencial por los clásicos latinos, no te preocupes: el *De la brevedad de la vida*, de Lucio Anneo Séneca está escrito en un lenguaje sencillo, a veces coloquial, y cuenta una condición que involucra a casi todos los seres humanos de nuestro tiempo.

El filósofo estoico la escribió en el año 49 d. C., entre el exilio en Córcega y su regreso a Roma, vertiendo en ella todo su disgusto por la forma de vida de sus contemporáneos. El punto de partida, en esta larga carta dirigida a Pompeo Paolino, es que la mayoría de los seres humanos se quejan de que la vida es corta, de que no hay tiempo para descansar y hacer todo lo que uno quisiera. ¿Te suena familiar?

La objeción de Séneca es la siguiente: no es cierto que tengamos poco tiempo; más bien, el problema es que lo desperdiciamos muchísimo.

Porque la vida no debe mirarse en longitud, sino en profundidad, y en cambio lo que hacemos muchas veces es perder tiempo y energía en cosas sin importancia, dando importancia a la reputación, al chismorreo, a las ocupaciones efímeras, al poder y a la carrera. Leer *De brevitate vitae* puede causar una gran sensación de extrañeza, porque hablando de los antiguos senadores romanos y de los grandes autores, parece que Séneca en realidad está describiendo nuestro mundo, nuestra actualidad, lo que vemos en los demás y experimentamos en nosotros mismos todos los días.

Hoy tenemos una imagen idealizada de la vida de los antiguos romanos: los imaginamos caminando por las calles de Roma con zapatillas de cuero sobre los adoquines, todos los días para charlar de política, inmersos en un escenario poético, lento. En cambio, el filósofo nos habla de las personas más privilegiadas de su tiempo, hombres libres como él, afirmando que en realidad eran esclavos de sus propios roles, e infelices. Lo que nos transmite es la imagen de individuos perpetuamente ocupados, llenos de cosas por cumplir, deberes, compromisos, que seguían postergando el tiempo de quietud y ociosidad y que solo sabían decir: *tengo demasiadas cosas que hacer, no puedo parar, cuando me jubile tal vez sí, pero ahora...*

Ha cambiado muy poco desde entonces: aunque hoy seguimos postergando el tiempo del placer, el descanso y el cuidado personal (*cuando me jubile podré descansar; cuando nuestros hijos sean mayores, podremos viajar; cuando ya no trabaje podré dedicarme solamente a leer y escribir*), como si la vida fuera una línea recta sobre la cual se puede tener control. Pero el control sobre el futuro es una ilusión, porque no sabemos lo que pueda suceder; en consecuencia, posponer los placeres, el descanso, la cultura de nosotros mismos es solo un ensueño que empobrece nuestro presente, que, por tanto, se convierte en un tiempo de esfuerzo y sudor.

Nos engañamos pensando que podemos acumular una serie de créditos frente a la vida, que finalmente redimiremos cuando nos jubilemos, pero esto significa no vivir. Esos momentos se pierden. El tiempo hay que usarlo bien *ahora*, no se puede acumular, y usarlo bien no significa optimizarlo sin descansar nunca, sino tenerlo disponible para cuidarse, para acercarse a uno mismo. «¡Qué tarde para empezar a vivir cuando hay que terminar!», escribe Séneca, porque las decisiones sabias, si son las que realmente queremos, hay que tomarlas de inmediato, no posponerlas hasta el final de la vida, al que ni siquiera sabemos si llegaremos.

Séneca argumenta que «si la usamos bien, en su totalidad, la vida que se nos ha dado es lo suficientemente larga y generosa para poder alcanzar grandes resultados. Pero cuando la dejamos correr en lujo y desconexión; cuando no la utilizamos en ningún propósito que sea bueno, al final por fuerza nos vemos obligados a darnos cuenta de que ya pasó, y que ahora todo quedó atrás, y que nunca entendimos que se iba. Eso es todo: no tenemos una vida corta, sino que la hacemos corta. No somos pobres en la vida, sino ricos».

Para quien la gestiona bien, por lo tanto, la existencia es amplia, profunda, abundante. Pero ¿cómo manejarla bien? ¿Cómo podemos ser buenos guardianes del tiempo que tenemos disponible?

EL SIGNIFICADO DE LA VIDA

Hay que tener un propósito, es decir, algo que le dé *sentido* a lo que estamos haciendo, que nos haga percibir el laberinto que estamos trazando. Porque pensar que la vida es corta es percibirla como una línea recta, pero no es así: nuestra vida no es un camino recto, sino un camino laberíntico que construimos paso a paso; por lo tanto, no es importante llegar a un destino, sino descubrir el significado de ese camino. Por eso una vida *fértil y feliz* no es por fuerza una vida muy larga, y una vida muy larga no tiene por qué ser obligatoriamente feliz. Una vida feliz es una vida que ha tenido sentido para quienes la han vivido, por lo tanto, no necesariamente está llena de reconocimiento público, ganancias o grandes experiencias. La plenitud no responde a criterios objetivos, sino a la armonía con la identidad profunda de la persona.

Una vida feliz, para estar con Séneca, es una vida vivida en profundidad, no en la superficie, y esto significa —sobre todo hoy— construir el sentido de la propia existencia más allá de los condicionamientos externos. Actualmente, nuestro tiempo está programado según la lógica colectiva, medido, agendado, ocupado por la vida lineal, por los estímulos superficiales, por la charla inútil. ¿Por qué lo hacemos? ¿Por qué desperdiciamos tiempo y energía en ocupaciones estériles?

El gran tesoro hoy, por el que compiten todas las empresas del mundo —desde las multinacionales hasta las pequeñas empresas—, es la atención de otros seres humanos. Es por ello que con frecuencia se utilizan y desarrollan herramientas y técnicas de neuromarketing que pueden llamar tu atención. Sucede en la vida online, con las series de televisión, incluso con los libros. Tu atención es un capital valiosísimo, y por eso acaba fragmentada en mil diferentes ocupaciones durante el día. Estas ocupaciones te brindan satisfacción instantánea: *scrollear* hacia abajo en el *timeline* de las redes sociales te hace sentir que estás haciendo algo, incluso si estás realmente pasivo, pero a la larga hacen que uno perciba una sensación de frustración e inutilidad, porque no pueden darte lo que buscas. Ellos no pueden responder a *tu búsqueda de significado*.

Lo que Séneca quiere contarte a través de los siglos, en otras palabras, es: si quieres llevar una vida que tenga sentido, y perder la ansiedad sobre su brevedad, pregúntate a qué le dedicas tu atención. «La atención es la forma más rara y más pura de la generosidad», escribió Simone Weil.

¿A qué le dedicas tu atención durante el día?

¿Cuánto espacio tienen el vacío y la cultivación de ti?

¿Cuánto tiempo le dedicas a la sabiduría?

Escribe en tu diario la respuesta a estas tres preguntas, una respuesta sincera, sin censura y sin reproches. Tómate tu tiempo para responder y no tengas miedo, te invitamos a que te sinceres contigo. Aunque, de hecho, si Séneca pudiera hablar contigo, tal vez te diría: «No es vergonzoso reservar para ti lo que te queda de existencia y dedicar ese tiempo solamente a la sabiduría que no se puede utilizar en ningún negocio».

¿CÓMO VIVES TU TIEMPO DE VIDA?

La forma en que percibimos el tiempo no tiene nada que ver con la ciencia, como a menudo apunta el físico Carlo Rovelli. Es una percepción humana que proviene de la cultura, del hábito, del espíritu de la época. Los antiguos griegos, por ejemplo, lo percibían de una manera completamente diferente y tenían varios términos para describirlo: tiempo lineal; tiempo puntual, es decir, basado en eventos utilizados como puntos de referencia; tiempo escatológico, es decir, que se dirige hacia un fin que en retrospectiva ilumina y da sentido a todo el proceso; y tiempo cairológico, el del instante singular para ver y captar.

El tiempo influye en la forma de estar en el mundo, de organizar las prioridades, la vida diaria, para contarte tu propia historia y, hoy más que nunca, el tiempo nos parece siempre poco. Una vez más, lo que te incomoda en tu vida personal es fruto de una condición social, y la dificultad que tienes para encontrar el sentido de la vida depende del hecho de que ésta es la sociedad del rendimiento, donde el anhelo de porvenir a menudo corre el riesgo de convertirse en un producto comercial, en lugar de un auténtico alimento espiritual.

La ansiedad por el desempeño hoy en día es un trastorno colectivo, y la necesidad de correr para contrarrestar la brevedad de la vida es un condicionamiento social que con el tiempo, en lugar de relajarse, se vuelve cada vez más sofocante. El modo en que vemos la vida se ve influido por la forma en que otros lo hacen, desde la mirada que se nos enseña, directa e indirectamente. Aún no hemos aprendido a hablar y ya nos preguntan qué haremos cuando crezcamos, y estas preguntas se vuelven cada vez más apremiantes con el paso del tiempo.

La forma en que diseñamos nuestras vidas y nuestros días depende poco de nosotros y mucho de la influencia de nuestra sociedad, pero si esto puede darnos un sentido de liberación, aun así no se justifica desperdiciar nuestras energías de manera fútil. Siempre somos responsables de la forma en que nos cuidamos, por lo tanto, también de nuestra atención.

El verdadero lujo hoy en día es tener tiempo.

Esa es la razón por la que, aún más que en tiempos de Séneca, la vida se convierte en una carrera constante en la que desde temprana edad nos vemos forzados a optimizar, llenar, capitalizar, y el *tiempo desocupado* ha adquirido un valor negativo. Sin embargo, el tiempo ganado es tiempo *liberado*, no tiempo *ocupado*. ¿Qué es esa sensación de no tener nunca la oportunidad de recuperar el aliento, de tener siempre un montón de pensamientos, listas de tareas, deberes, solicitudes?

Seamos claros, cuando escribimos esto estábamos pensando en primer lugar en nosotros, en la vida que hemos construido juntos a lo largo de los años, en lo que hemos creado, en las cosas hermosas que han llegado, pero que ahora —mientras estamos escribiendo— son un obstáculo que surge entre nosotros y el tiempo a perder. Al fin y al cabo, los libros no se escriben para explicar algo sino para entenderlo, para ser honesto contigo mismo, y esto nos está pasando incluso con el libro que tienes en las manos. Así que no queremos enseñarte algo, queremos impulsarte a que te eduques, a que te preguntes cómo eres realmente, a que entiendas lo fácil que es para ti crear tiempo desocupado.

Los consejos que suelen dar quienes tratan el crecimiento personal están destinados a aumentar tu actuación, y para ello suelen consistir en decirte que te despiertes a las cinco de la mañana, que duermas muy poco, que trabajes trescientos sesenta y cinco días al año, que hagas mil cosas y observes cómo aumentan tus ganancias. Probablemente nunca lo creíste en realidad, aunque algo dentro de ti puedes haber pensado: ves cómo deberías hacerlo. *¿Ves cómo debes hacerlo? ¿Ves cuántas cosas te estás perdiendo por culpa de tu pereza?*

La idea de que ser superproductivo es saludable y que todo lo demás está mal es una gigantesca ilusión colectiva, que, sin embargo, estresa y hace que millones de personas se sientan culpables, convenciéndolas de que tienen un problema, de que no son productivas, porque no desean serlo. Te tenemos una noticia: quien tiene las características adecuadas para el espíritu de este tiempo, es decir, quien es una persona comunicativa, con rapidez de pensamiento, sentido práctico y productividad, no es por fuerza mejor que alguien que no las tiene. Al contrario: conocemos a muchos *influencers*, divulgadores, *VIPs* y personas exitosas que poseen todas esas características *adecuadas* y por ello viven en una gigantesca jaula, exactamente como Augusto y Cicerón en el libro de Séneca. También es la razón por la que no deberíamos nunca juzgar la vida de una persona con base en lo que vemos en sus redes sociales, y ni siquiera con base en lo que dice sobre sí misma. El significado de una vida no es monetizable y no depende de su cantidad de seguidores, sino del camino de acercamiento a sí misma que está logrando esa persona.

VIDA ACTIVA Y VIDA CONTEMPLATIVA

Cuando querían conocer el futuro, los augures romanos sabían hacerlo aparecer en el presente: con un palo (el *lituus*) trazaban en el aire un espacio en el que observarían el vuelo de los pájaros. Los hechos que se presentaban allí se convertían en la descripción de la voluntad superior, el oráculo que indicaba lo que sucedería. El acto de observar ese espectáculo era la *contemplación*, de *cum-templare*, es decir, el acto de observar a través del *templum*.

Convirtiendo el espacio infinito en uno finito, los sacerdotes antiguos todavía hoy nos recuerdan que para recibir información desde niveles superiores —es decir, para desarrollar la imaginación, la inspiración y creatividad— debemos aprender a delimitar un espacio de manifestación dentro y fuera de nosotros a través del cual leer el libro del mundo. Por tanto, es fundamental aprender a contemplar, es decir, a circunscribir un lugar donde lo incomprensible se vuelve comprensible.

En la cultura griega y romana, encontrar el equilibrio entre la vida activa y la vida contemplativa era fundamental para cuidarse de verdad, y los dos aspectos debían permanecer separados y reconocibles. El mundo en el que vivimos, por el contrario, le da total importancia a la vida activa, y la vida contemplativa corre el riesgo de convertirse en una tarea que debes completar en algún momento del día y no en algo completamente diferente. Vivimos en un estado de activismo forzado, como lo define el filósofo Byung-Chul Han, en el que incluso la vida contemplativa se incluye y se percibe exactamente como algo que hacer, como un deber que cumplir.

La filosofía, en cambio, proviene del tiempo libre (*scholé*), que los griegos vieron como un tiempo sin restricciones, un estado de libertad en el que se puede cultivar la sabiduría y la templanza (*sophrosyne*). El hecho de que hoy el tiempo libre esté prácticamente ausente de nuestras vidas no es una causa, sino un efecto de la forma en que se concibe la vida humana. Lo esencial es producir, trabajar, acumular cada vez más riqueza; la contemplación es un síntoma de pereza, es algo superfluo.

El concepto de ocio de los antiguos filósofos se basa en un modelo de existencia hoy incomprensible, distante, que consideraríamos holgazán e improductivo. En realidad, la vida contemplativa no es una vida inactiva, sino que representa un tiempo que dedicamos al recogimiento, a la escucha, a la meditación, a preguntarnos sobre el significado de nuestra vida, y es en ese preciso momento en el que encontramos el sentido, reconocemos nuestra vocación, comprendemos cuál es la dirección a seguir. Es el tiempo que le dedicas a la escritura de tu Diario, por ejemplo; y, como has visto, escribir es una manera fácil de ingresar en ese estado. Es, de hecho, otro estado de conciencia.

Cultivar la vida contemplativa, crear este espacio aparentemente vacío significa cuidarse a sí mismo, no dejarse robar todo el tiempo y la energía de la vida activa. No se trata de dar prioridad a una u otra, sino de encontrar un equilibrio, una justa medida. La vida activa debe estar al servicio de la vida contemplativa, y no al revés, así como los proyectos que tenemos por delante y los talentos que cultivamos deben estar al servicio de la vocación.

ABURRIMIENTO Y CREATIVIDAD

Además del rendimiento, la sociedad actual atribuye gran valor a la creatividad. Sin embargo, nunca nos deja tiempo para cultivar el espacio vacío que es esencial para el surgimiento de la auténtica creatividad: el aburrimiento. «El aburrimiento es el pájaro encantado que empolla el huevo de la experiencia», decía Walter Benjamin, pero esta eclosión necesita tiempo, paciencia, espacio.

Hoy este tiempo no existe y hasta tenemos miedo de aburrirnos. Bertrand Russell ya lo había anticipado en 1930 cuando escribió que una generación que no puede soportar el aburrimiento se convierte por fuerza en una generación de gente mezquina, en la que se desvanece todo impulso vital. Tan pronto como corremos el riesgo de aburrirnos, buscamos una distracción, una forma de mantenernos activos, pero esto nos impide vivir un momento de quietud, que el psicólogo Adam Phillips define como *anticipación suspendida*, es decir, ese estado en que no hacemos nada, no pasa nada, solo somos observadores de lo que sucede. Es el momento en que podemos experimentar el asombro o simplemente aburrirnos, pero es un tiempo que no dedicamos a la contemplación por miedo a que se convierta en tiempo perdido. Aquí está la paradoja:

vivimos con la idea de que el tiempo es lo único que tenemos, y estamos convencidos de que para aprovecharlo
al máximo hay que optimizarlo, y así lo dispersamos y desperdiciamos. Pero el tiempo vacío nunca es tiempo perdido,
el tiempo de espera no es tiempo perdido. Al contrario: el vacío es la única herramienta que tenemos para dejar emerger
lo que en la vida activa no encuentra su espacio, las emociones que no sentimos, los estados emocionales de los que no
nos damos cuenta. El aburrimiento nos permite entender
cómo somos realmente, y tal vez sea por esto que le tenemos miedo.

La economía del tiempo no debería tener nada que ver
con la capitalización, sino con el autogobierno y con una
gestión armoniosa, y para gestionar armoniosamente el
tiempo y la ociosidad de la vida, el aburrimiento debe tener
una importancia central, en especial si eres una persona
creativa. El ocio es fundamental para la creatividad, y eso
es lo que debemos hacer cuando nos sentimos vacíos. No
deberíamos forzar las cosas, sino seguir lo que el cuerpo, la
mente, el alma nos están diciendo. Se trata de crear una
transición suave entre vida activa y contemplativa, y aprender a hacerlo es una virtud.

TEMPLANZA

Quien no puede parar a fin de distanciarse de las cosas por
hacer, se encuentra en una condición similar a quien no
puede completar nada: son dos polos opuestos, pero en
ambos casos se trata de la dificultad de encontrar la justa

medida, virtud que la antigua Grecia había tenido en la más alta consideración y que hemos perdido.

Lo llamaron *sophrosyne*, es decir, templanza. La justa medida no es una media aritmética entre el tiempo en que actuamos y el tiempo en que contemplamos, sino que es equilibrio, un equilibrio siempre nuevo, que nunca es el mismo, que cambia a lo largo de nuestro camino y que debemos aprender a percibir.

Como escribe Giulio Giorello en *Las virtudes cardinales*, la forma en que el arte ha retratado la templanza a lo largo de los siglos con frecuencia se ha vinculado con escenarios bucólicos, cielos azules, paz y equilibrio, mujeres serenas que echaban agua de un odre a otro. ¿Cómo podemos reconocernos en tales imágenes si siempre estamos divididos entre mil cosas que mantener unidas, siempre con prisa, siempre disponibles, a menudo presos de emociones negativas? La templanza no es realmente sublimación de pulsiones y emociones, sino algo vivo, concreto, un equilibrio siempre nuevo, porque tiene que ver con ese océano complejísimo del que están hechos los seres humanos.

Temperar significa literalmente mezclar a la deriva siempre del *tempus*, es decir, del tiempo. Ser templado no significa, por tanto, eliminar las propias características u ocultar los propios deseos; por el contrario, significa mezclar todos los elementos que nos componen: nuestras características, la vida activa y la vida contemplativa, nuestras emociones, nuestros deseos. Cultivar la templanza en el proceso de autocuidado no tiene nada que ver con el control, sino con la mezcla. Significa darnos cuenta de que tenemos innumerables características y personalidades, y que esto no está mal. No hay nada que deba eliminarse, solo gobernarlo.

ENCUENTRA TU PROPIA RECETA

El motivo por el que hoy nos enfocamos en la conciencia de sí y, en su lugar, hemos eliminado de nuestra memoria y de nuestros programas el cuidado personal y la templanza, se debe al hecho de que en los últimos milenios hemos desarrollado eso que Jung llama *monoteísmo de la conciencia*. Estamos convencidos de que tenemos un solo yo, que debemos reconocernos en una imagen clara de nosotros que no debe cambiar nunca, y esto nos causa una impresión de falta de armonía y frustración, así como la sensación de no expresar todo lo que llevamos dentro.

En las culturas antiguas, las herramientas de caracterización del ser humano no se veían como tablas en las cuales ser encasillado, sino como fantasmas de diferentes tipos de energías que convivían en la misma persona. Cada uno tenía rasgos dominantes, pero el propósito era lograr el grado de observación de todas las energías dentro de uno mismo y armonizarlas. Es por esta razón que James Hillman, quien prosiguió el trabajo de Jung sobre psicología profunda, habló de la necesidad de un politeísmo psicológico y de un regreso a Grecia: los dioses griegos, es decir, las figuras e historias que los griegos habían creado para describir las características humanas, todas son parte de ti, son ropas que te cambias a lo largo del día, todas son energías que llevas dentro. Lo que hacemos hoy, sin embargo, es pensar que solo eres de Marte, solo de Venus, solo jovial o únicamente mercurial. Pero si es cierto que cada uno de nosotros es un cóctel único de todos estos ingredientes, dentro de cada persona todos los dioses coexisten —y, con frecuencia, se pelean y se hacen la guerra, como bien lo sabes—, y comprenderlo nos ayuda a asegurarnos de que ninguno de estos prevalezca, que ninguna característica monopolice nuestra vida. Para cultivar la virtud de la templanza, por lo tanto, es necesario poner sobre el terreno todos sus ingredientes, sin esconder nada. Ser templado significa crear fluidez y reequilibrio armonizando los excesos.

La capacidad de gobernar y discernir entre las propias pasiones solo puede ocurrir después de comprender cuáles son estas; la moderación de los apetitos a los que invitan los estoicos —Epicteto, Séneca, Marco Aurelio— no puede suceder si no los conoces primero. En otras palabras, puedes gobernar un fuego solo si está encendido, y gobernar significa asegurarte de que no se apague y de que no se queme todo, pero extinguir el fuego y decir que lo has gobernado significa llevar una vida fría, seca y aburrida.

Gobernarse a uno mismo no es reprimir, sino liderar. Es el papel del auriga en el mito del carro alado de Platón, como veremos, y es tarea de quien quiere tener una vida fértil, con sentido.

La filosofía siempre se ha referido al dominio de las pasiones, pero esta idea a menudo se ha percibido como censora o represiva, aunque, en realidad, la templanza es una invitación a encontrar el equilibrio entre todas las partes de uno mismo, entre la acción y la contemplación, y reconocer el momento oportuno para todo, así como darle espacio a todas las partes de uno mismo. A lo largo de la vida puede que queramos estar solos o con otros, podemos aprender a disfrutar sin adicciones, a trabajar sin obsesión, a alternar periodos de actividad con periodos de contemplación.

La cultura cristiana ha retomado la idea filosófica de templanza para diseñar el camino que debe acompañarte hacia una vida buena, pero la diferencia entre el enfoque filosófico y el religioso es que la filosofía te hace preguntarte de qué sirve, mientras que la religión te ofrece preceptos exactos al respecto. El filósofo piensa: ¿qué es bueno para mí en este momento? No hay una regla a seguir, sino que es una pregunta que hacer. Una cosa no necesariamente es buena para todos, o buena en la misma medida, y no necesariamente es buena para ti en cualquier momento de tu vida. Depende de ti comprender lo que es vicio y lo que es virtud, y también lo que es un valor, o no seguir.

Entonces, ¿quién es una persona templada? Quien vive sus pasiones intensamente y trata de no dejarse dominar por ellas. Los filósofos antiguos, por ejemplo, no carecían de pasiones: en sus libros aparecen molestias, enojos, estados de ánimo. No se trata de pensar que la templanza no está a nuestro alcance porque seamos apasionados. Se trata de vivir estas pasiones a profundidad y no dilapidar las energías que tenemos, sino canalizarlas, usar nuestro combustible para seguir una dirección.

Ser capaz de gobernarse a sí mismo también puede significar hacer abstinencia, evitar la dispersión de la energía, eliminar algo para hacer surgir algo más, asegurarse de que la energía continúe o comience a fluir nuevamente. Es la capacidad de reconocer cuando el viento está cambiando, como lo hace el deshollinador Bert en *Mary Poppins*. Por lo tanto, el arte de encontrar el equilibrio cada vez, momento a momento, no es una fórmula matemática, sino una virtud. Se trata de tener un objetivo claro, que le dé sentido al camino, y, al mismo tiempo, de disfrutar ese camino sin perder de vista la meta.

G. I. Gurdjieff, un excéntrico filósofo armenio y profesor de baile, sostenía que los seres humanos tienden a ser o *lunáticos* (hiperactivos, tercos, con necesidad tener el control sobre todo) o *vagabundos* (sin rumbo preciso, desordenados), y decía que el *obyvatel*, literalmente el *habitante*, tenía posibilidades concretas de evolución (como canta Franco Battiato en *Caffè de la Paix*, la canción dedicada al místico armenio). En el idioma ruso, el término *obyvatel* se usa a menudo como desprecio o burla, porque no se refiere a una persona excepcional, sino, simplemente, a una buena persona que tiene *sentido común*.

Una persona común, que tiene perspectivas limitadas pero claras de lo que está haciendo. Que puede perder todo el tiempo el camino, pero luego lo encuentra de nuevo. Que no se apresura y no se detiene, sino que encuentra su paso y, de esta manera —en armonía con lo que siente—, prosigue su camino, se mantiene estable y en movimiento.

EL CAMINO

Es posible que durante la lectura de este capítulo hayas escrito algo en tu Diario del florecimiento (eso esperamos).

Ahora, por tanto, te proponemos un ejercicio físico, porque la filosofía nunca se separa del cuerpo.

Te pedimos que te vistas, te prepares y des una caminata. Cierra el libro, no te lleves música y no revises tu teléfono celular durante el ejercicio. Cuando estés fuera de la puerta principal, comienza a caminar sin pensar en otras cosas y encuentra tu paso. Prueba acelerar y luego disminuir la velocidad, ve muy lentamente y luego a un ritmo constante más rápido hasta que encuentres tu ritmo. Cuando lo encuentres, prosigue un momento, tanto como puedas. De vez en cuando perderás el ritmo, disminuirás la velocidad o tendrás ganas de acelerar. Acepta estos cambios e intenta encontrar un equilibrio entre la estabilidad y el movimiento, y mientras lo haces recuerda que estás caminando en un lugar que no te es desconocido, pero que, gracias a este ejercicio, puedes observarlo como si fuera la primera vez.

Cuando tengas la sensación de haber encontrado la templanza en tu paso, que no es un proceso muy diferente de lo que logramos en la vida cuando buscamos un equilibrio, regresa a casa y vuelve a abrir el libro.

¿Cuál es el propósito de este ejercicio? Intentar vivir el tiempo sin ansiedad y más profundamente, darse cuenta de que la templanza no es sublimación, sino algo físico, una justa medida que puedes encontrar y redescubrir concretamente, que te libera de la idea de metas por alcanzar y premios por recibir. Como escribe el filósofo Frédéric Gros: «Caminar no es un deporte. Poner un pie frente al otro es un juego de niños. No hay resultados, no hay números cuando nos encontramos: el caminante te dirá qué camino tomó, qué camino ofrece la mejor vista, qué vista se puede disfrutar desde ese determinado promontorio».

La lectura tampoco es un deporte. Es el arte de interpretar signos, tanto metafórica como literalmente. Ahora, tú eliges dónde continuar.

Ve al capítulo 6 o al capítulo 12.

5

UNA MULTIPLICIDAD INFINITA DE PEQUEÑOS YOES. LLEGAR A CONOCERTE

Sin embargo, no debemos olvidarnos de conocernos.

Lo que nos han dicho desde que nacimos es que cada uno de nosotros es un *individuo*, es decir, una unidad indivisible coherente consigo misma, reflexiva y consciente. Sin embargo, es una ilusión sobre la cual la espiritualidad nos ha estado hablando durante milenios y sobre lo que las ciencias biológicas de hoy y la neurociencia recopilan cada vez más datos. El cuerpo humano se compone de un promedio de treinta y siete billones de células, que nacen y mueren de forma continua, por lo tanto, se vuelve difícil imaginar que incluso en el simple nivel material seamos siempre los mismos. Solo piensa que las células epidérmicas se renuevan por completo aproximadamente cada cuatro semanas. Los glóbulos rojos, cada cuatro meses.

Incluso a nivel psicológico es imposible hablar de un yo único y granítico, siempre de acuerdo consigo mismo, que toma con lucidez todas las decisiones a lo largo de la vida. No sabemos ni quiénes somos verdaderamente, y esto sucede porque nos engañamos a nosotros mismos creyendo que somos uno, cuando, en cambio, somos una *multitud*. Cada persona es una multiplicidad de yoes, de instancias, deseos, metas, anhelos, límites.

La idea de que en el fondo de nosotros hay una esencia auténtica, nuestro verdadero Ser, con el que podemos entrar en contacto y que siempre sabe qué hacer es, de hecho, solo una teoría. No sabemos si existe, ni siquiera sabemos si —incluso si existiera— es posible demostrarlo con experimentos científicos, sino que tenemos la *sensación* de que existe. Podría ser una ilusión, pero esta idea arraigada en cada uno de nosotros es profunda y extraordinariamente útil. Y es gracias a este sentimiento que podemos vivir experiencias espirituales, construir nuestro camino de vida, cambiar de ruta cuando nos damos cuenta de que estamos haciendo algo que no es para nosotros. Sin embargo, no debemos olvidar que lo único que la ciencia ha demostrado hasta ahora es nuestra extraordinaria multiplicidad: no hay solo un yo dentro de nosotros, hay muchísimos, y hay una gran diferencia entre lo que experimentamos y lo que recordamos y nos contamos a nosotros mismos.

El yo es el *centro de la gravedad narrativa*, como afirma Daniel Dennett, extraordinario filósofo de la ciencia y de la biología: es una «ficción, postulada para dar unidad y sentido a lo que, de otro modo, sería simplemente una colección extraordinariamente compleja de acciones, declaraciones, anhelos, quejas, promesas, etc., [para hacer de él] lo que constituye a una persona». El yo es un personaje de la fantasía que tiene el poder de atraer y agregar los elementos de nuestras mentes gracias al acto de hablar de uno mismo. Si recuerdo estar en París, soy yo quien lo recuerda, no mi cerebro y mis sinapsis, y si digo una mentira, soy yo quien la dice, no mi boca y mis cuerdas vocales. Hay un yo que se encarga de todo lo que hago con mi cuerpo, mis palabras y mis pensamientos, también cuando todo esto *no es de mí o no estaba en mí cuando lo hice.*

Para poder justificar las acciones propias y contar esa historia, sin embargo, solo necesita seleccionarse lo que permita mantener una cierta autoimagen estable, y lo que hacemos continuamente, eliminando de la memoria aquello que nos lleve a mirar nuestra fragmentariedad.

En apariencia, somos un solo organismo, pero no lo somos *verdaderamente.* Cuando observas a una persona recibes una primera impresión de ella, te convences de que está constituida de cierta manera, que tiene ciertos gustos y tendencias, un cierto carácter fijo y estable. Que es una. Pero nadie en realidad tiene un solo yo, y hoy está más claro que nunca. Estamos siempre atravesados por deseos, impulsos, sensaciones que, por un momento, toman el poder en nuestra sala de control, y en un mundo en el que nos vemos obligados a contar todo lo que nos pasa, no podemos evitar mirar a la cara nuestra multiplicidad.

Imagina una especie de *sala de botones* dentro de ti, el lugar donde se toman las decisiones importantes, el lugar del diálogo interior: en el interior nunca ha estado un individuo —tú— que ha analizado las cosas y decidido cómo actuar. En cambio, siempre ha habido —y hay— un gran bullicio de instancias muy diferentes y a menudo irreconciliables, de diferentes yoes que nunca logran llevarse bien y muchas veces ni siquiera se conocen.

Por lo tanto, no hay un solo átomo al mando en el timón de tu vida. Carlo Rovelli lo explica de manera magistral en clave física en *Helgoland*, cuando cuenta cómo las relaciones explican todo nuestro mundo, material y no. Todo progreso en nuestra vida política, social, cultural y espiritual es atribuible a las relaciones. El mismo yo del científico, que se creía libre y diferente con respecto a los demás, a la luz de las reflexiones y descubrimientos actuales de la neurociencia y la física cuántica, en realidad, resulta estar completamente incrustado en esta red de relaciones y, por lo tanto, en una sola onda, en una *red de redes*.

El yo es básicamente un sistema complejo, una expresión del funcionamiento coordinado de muchos módulos funcionales interdependientes que incluyen percepción, memoria, emociones, control de procesos viscerales. Es a través de la interacción entre estos diferentes módulos que somos capaces de desarrollar respuestas articuladas, funcionales e innovadoras a problemas cada vez más nuevos y complejos. En otras palabras, es gracias a nuestra multiplicidad psíquica que hasta ahora hemos enfrentado con eficacia los desafíos del mundo y tenemos lo necesario para seguir haciéndolo.

El matemático y filósofo ruso P. D. Ouspensky explicó a principios del siglo xx —a partir de las teorías de su maestro G. I. Gurdjieff— que el ser humano no tiene un gran yo individual, sino una infinita multiplicidad de pequeños yoes, casi siempre desconectados entre sí. Algunos de estos yoes son hostiles entre sí y no permiten que otros yoes tengan presencia en el espacio de las decisiones durante el día. Dentro de nosotros hay una especie de *Speakers' Corner*, el espacio en el Hyde Park de Londres donde los domingos por la mañana cada persona puede subirse a un escenario y dar su propio discurso público. Y entonces, cada vez que decimos o pensamos «yo», estamos en realidad indicando un yo diferente, que se ha elevado a nuestro púlpito interior para dar su propio discurso. Y esto no solamente sucede los domingos en Hyde Park: sucede en cada momento sagrado.

Cada yo cree ser la Totalidad, ese individuo único al que llamo por mi nombre y, por lo tanto, hace promesas, toma decisiones, piensa que está de acuerdo o en desacuerdo con lo que debe hacer otro yo o la Totalidad. Esto explica por qué a menudo se toman decisiones que rara vez se cumplen, dice Ouspensky. ¿Cuántas veces te ha sucedido tomar decisiones con absoluta certeza, con la total convicción de que nada te hubiera impedido llevar a cabo tus planes, para encontrarte después de un tiempo negando todas las anteriores intenciones?

HACER ORDEN DENTRO DE UNO MISMO

Con el estudio de un nuevo idioma, con un nuevo estilo de alimentación, con un buen hábito nuevo que abrazar en tu rutina diaria: en todos estos casos, un grupo de tus yoes mismos se unieron y te empujaron a tomar esa decisión. Sin embargo, toda esa motivación se desvaneció después, hasta convertirse en un vago recuerdo del pasado.

Esto nos suele pasar con el ejercicio físico: algunas mañanas un grupo de yoes nos anima a volcarnos en el decatlón y empezar un nuevo entrenamiento o salir a correr por las tardes. Luego, esos yoes luchan por mantener el gobierno del día, pero después de algunas horas los yoes más fuertes recuperan terreno y, por lo tanto, te regresan a los viejos hábitos, a veces incluso juzgando a los yoes que querían hacer ejercicio.

También sucede que, debido a que algunos de estos yoes llegan momentáneamente al poder, nos encontramos tomando caminos que no son en absoluto afines con nuestra idea del mundo y con nuestras metas. Se hacen promesas, nos vamos o nos quedamos, nos casamos y nos separamos; tomamos decisiones colosales por culpa de un solo yo que pasaba en ese momento, que pueden terminar afectando toda la existencia de todos los demás yoes, quienes, a partir de ese momento, se verán obligados a someterse a esa malvada elección que he tomado. Ese pequeño yo puede inclinar nuestra existencia tan brutalmente porque vivimos en la ilusión de ser una sola cosa.

Se derrochan vidas enteras para saldar las pequeñas deudas de un yo accidental, escribe Ouspensky, cuyas palabras encuentran un eco en las de Robert Musil: «En los años de madurez son pocos los hombres que saben, en el fondo, cómo llegaron a sí mismos, a sus placeres, a sus propias concepciones del mundo, a su esposa [...]. Algo actuó en ellos como papel matamoscas».

Si has pasado años —o incluso toda tu vida— castigándote por tus contradicciones y tu inconsistencia, pensando que es tu problema y que los demás siempre sabían qué hacer, ahora puedes darte cuenta de que es un hecho estructural del ser humano cómo los sesgos cognitivos, esos automatismos mentales, nos llevan a cometer errores de evaluación. No es una situación irresoluble —de hecho, el proceso de florecimiento personal tiene el propósito mismo de modificar esto—, pero primero debemos tomar conciencia de ello.

Hay dos mitos —el carruaje de Gurdjieff y el carro alado de Platón— que cuentan la vida del ser humano como una casa sin dueño ni superintendente, ocupada por una multitud de sirvientes, los yoes que han olvidado sus deberes: nadie quiere hacer lo que debe; todo el mundo trata de ser el amo, aunque sea por un momento, y, en esta especie de anarquía, la casa se ve amenazada por los más graves peligros.

¿Cómo enfrentar estos peligros? ¿Cómo construir una sana y fructífera armonía entre los muchos yoes que allí habitan?

EL CARRUAJE DE GURDJIEFF

Según Georges Ivanovič Gurdjieff, el ser humano vive en un estado de sueño perenne, es decir, no es consciente de sí mismo y de las fuerzas que gobiernan el mundo en el que vive. No decide el rumbo de su vida, pues está a merced de instintos e identificaciones. No tiene un propósito real en la vida, es algo que simplemente le sucede. Aunque el trabajo de Gurdjieff está envuelto en un aura de misterio y esoterismo, lo que dijo en la primera mitad del siglo XX no es tan diferente de lo que muchos científicos afirman hoy, en particular los que se ocupan del cerebro, la inteligencia emocional y la racionalidad.

En el libro *Perspectivas desde el mundo real,* para explicar la compleja dinámica que regula al ser humano y nuestra incapacidad para desarrollar cada instancia armoniosamente, Gurdjieff usó la imagen del carruaje: el *vehículo* representa el cuerpo físico tirado por *caballos,* que simbolizan emociones y deseos, y dirigido por un *cochero* (pensamiento racional) que lleva al *pasajero* (el yo) que le dice a dónde ir.

Para que el carruaje se mueva y vaya en una dirección específica, todos estos elementos deben trabajar juntos y deben ser gobernados. Los caballos, nos dice Gurdjieff, han sufrido tantas golpizas y regaños a lo largo de los años que ahora mantienen su mirada y atención solamente en la satisfacción de los sentidos: es lo que ocurre cuando censuramos nuestras emociones y deseos, en lugar de escucharlos. Las emociones y los deseos no pueden ser elegidos, solo escuchados: no podemos decidir lo que nos emocionará, sino que únicamente decidiremos si actuar a la luz de esa emoción o no. Si, en lugar de escucharlos, juzgamos las emociones y los deseos como por completo erróneos, el resultado será una identificación total con ellos, no su liberación. Reprimirlos sin considerarlos los magnifica y termina identificándonos todavía más con ellos, y solo con ellos, y nos impide elegir verdaderamente nuestro camino.

Incluso el cochero, que a primera vista podría parecer la única figura que sabe a dónde ir, en realidad representa una mente que puede procesar datos y realizar acciones, pero no es capaz de sentir emociones y tomar decisiones. Cada parte necesita de la otra, pero en el ser humano hay, en realidad, un pasajero que sabe adónde ir. Los yoes que ocupan ese lugar, en efecto, se alternan continuamente, y es por eso que nos acaban pasando cosas, es decir, el mundo exterior toma un poder total sobre nuestra vida.

El diseño de nuestra existencia, por lo tanto, se decide por casualidad —hacemos un trabajo que nos acontece, pasamos nuestro tiempo con compañeros que nos acontecen— o por dinámicas sociales que nos llevan a desarrollar una *falsa personalidad*, es decir, una personalidad inauténtica, una imagen de nosotros que no es algo que realmente hayamos construido, sino un producto del entorno en el que crecimos, de los estímulos que hemos recibido, de la manipulación mediática y social a la que hemos sido sometidos.

El resultado es que este complicadísimo carruaje acaba viajando una y otra vez por las mismas carreteras, por las superficies lisas y asfaltadas que ya conoce, y esto hace que el viaje sea aburrido y monótono, como un tren que va a velocidad mínima siempre por la misma pista y, en lugar de dibujar su camino laberíntico, se da cuenta de que está dando vueltas en círculos. La idea de Gurdjieff es que en el ser humano hay un lubricante que debe usarse para transitar por caminos de tierra, caminos con baches, pero eso no se puede expresar porque no hay quien sepa conducir el carruaje. Uno permanece inmóvil frente a la casa cuando, en cambio, podría experimentar aventuras y adentrarse en lo desconocido. Su esencia está a la espera de ser cultivada. Precisamente por eso, por la falta de sentido de la propia vida, el ser humano está insatisfecho y desolado.

No es tan diferente de lo que decían los antiguos filósofos: nuestro complejísimo cuerpo necesitaría ser sometido a ejercicios y prácticas diarias (los caminos de tierra), pero nuestra ociosidad y pereza nos impiden manifestar todas nuestras energías. Seguimos quejándonos de la brevedad de la vida, pero no nos damos cuenta de cuánta energía estamos desperdiciando al seguir dando vueltas sobre el mismo punto, y estas palabras de Gurdjieff son extraordinariamente similares a las que había escrito Séneca más de un milenio antes: «El ser humano está dormido, su conciencia está hipnotizada, confundida; no sabe quién es, no sabe por qué actúa, es una especie de máquina, un autómata, al que todo le "pasa"; no tiene el menor control sobre sus pensamientos, sus emociones, su imaginación, su atención; cree amar, desear, odiar, querer, pero nunca entiende las verdaderas motivaciones de esos impulsos que aparecen y desaparecen como meteoros; dice "yo soy", "yo hago", "yo quiero", creyendo que de verdad tiene un ego unitario; cree que puede gobernar su propia vida, pero es un títere dirigido por fuerzas que ignora; pasa todo su tiempo en un mundo subjetivo del que no puede escapar; es incapaz de distinguir lo real de lo imaginario; desperdicia sus energías persiguiendo cosas superfluas; y solo, a veces, se da cuenta de que no está satisfecho, de que la vida se le escapa, que está desperdiciando la oportunidad que se le ha brindado».

Cada parte del carruaje está conectada con las demás: desde las bridas que unen al cochero con los caballos hasta los ejes que unen estos últimos al carruaje, el ser humano es una máquina perfecta que no sabemos conducir. Ocurre, en efecto, que el pasajero solo tiene una vaga idea de adónde quiere ir, que el cochero no sabe cómo llegar allí, que los caballos no han sido lo suficientemente educados para ir en la (presunta) dirección y que el carruaje pierde trozos aquí y allá. Es decir, que, aparte de la metáfora, no hay un grupo estable de yoes que indique el curso de nuestra existencia; que nuestra mente está confundida y no sabe usar la inteligencia y la lógica para cumplir la voluntad expresada por el grupo de yoes; que no hay control y conciencia de nuestras emociones y nuestros sentimientos, combustibles y medios de nuestras elecciones, y que, al final, nuestro cuerpo no ha sido debidamente ejercitado como instrumento de conocimiento. En resumen, el escenario destacado por Gurdjieff es, en todos los aspectos, tragicómico, y nosotros somos los protagonistas y los protagonistas involuntarios.

Si el *centro de gravedad narrativa* mencionado por Dennett es, un invento que pretende unificar y descifrar un océano de experiencias psíquicas y emocionales, lo que Gurdjieff invita a crear es un *centro de gravedad permanente*, que, como cantaba Franco Battiato, nunca me hará cambiar de *ideas sobre las cosas y las personas*. Se trata de una meta, el fruto posible de una enorme cantidad de trabajo, y no una condición de partida. La condición inicial y la fragmentariedad de nuestras vidas, nuestra eterna indecisión, la incapacidad para gobernar cada una de nuestras partes, como lo hace el auriga que conduce el carro alado.

EL CARRO ALADO DE PLATÓN

No hay duda: al describir la imagen del carruaje, Gurdjieff debe haberse inspirado en el mito del carruaje alado que Platón describe en *Fedro*. Platón elige contar la naturaleza del alma a través de imágenes, porque para definirla se necesitaría una mayor capacidad que la que posee el ser humano. Por lo tanto, nos invita a imaginar el alma como la potencia de un par de caballos alados y un cochero que los guía, un auriga.

Mientras que los caballos y los caballeros de los dioses son todos buenos y de buena estirpe, en lo que se refiere al alma de los seres humanos, uno de los caballos es noble y bondadoso, mientras que el otro es todo lo contrario. Por esta razón, la conducción del carro humano siempre es difícil y problemática.

En este punto, es útil explicar la diferencia entre almas inmortales (divinas) y almas mortales (humanas): el alma divina recorre y gobierna el mundo, lo observa, pero no se contamina con él; los dioses conducen a sus huestes hacia visiones y evoluciones que el alma humana ni siquiera logra discernir y alcanzan la cima de la bóveda celeste. Las almas humanas siguen a las almas divinas en este viaje sobrenatural, pero cuando pierden sus alas comienzan una caída inexorable, hasta que encuentran algo sólido. Allí se acoplan tomando *un cuerpo terrenal* y convirtiéndose en un ser vivo. Lo que le interesa a Platón es explicarnos por qué se pierden las alas.

La función de las alas es levantar lo pesado hacia el lugar donde vive la comunidad de los dioses: en esencia, el alma tiene algo divino, y para nutrir esta esencia divina debe alimentarse de belleza, sabiduría, bondad y todas las virtudes afines, tratando de seguir el camino de las huestes divinas. Si se alimenta de bajezas, maldades y vicios, por el contrario, el alma se corrompe, pierde las alas y cae.

Mientras que las parejas de los dioses están equilibradas y son fácilmente conducidas, los carros humanos no pueden subir y siempre deben evitar caerse. Esto sucede porque el caballo malvado tira hacia el suelo, haciendo que el trabajo del auriga sea agotador. El auriga del alma humana levanta la cabeza hacia lo alto de la bóveda celeste y luego la baja, distraído por los caballos que tiran de ella por todos lados, empujada aquí y allá, sin la fuerza necesaria para seguir el camino divino.

La consecuencia es que los carros humanos terminan cayendo unos sobre otros, pisoteándose, a menudo tratando de adelantarse unos a otros. La conducción no solamente es cansada e irregular, sino que los carros humanos terminan provocando estragos, peleas, y muchos pierden sus alas.

Una de las reacciones más comunes a esta historia es la incomodidad por tener un caballo malo, pero lo interesante es que, según Platón, todos los humanos también tenemos un caballo bueno y de voluntad fuerte.

A lo que solemos prestar atención cuando hablamos de esta historia, en realidad, es a los caballos, pero Platón es muy astuto al explicar que las dificultades para conducir están dictadas por la incapacidad para controlarlos, y no por una constitución humana inadecuada para viajar.

En lugar de en los caballos, nuestra atención debe centrarse, por lo tanto, en quien es capaz de gobernarlos: el auriga. Es esta figura quien tiene el propósito de guiar y dirigir el camino, de conducir a los caballos sin perder el rumbo y sin lastimarlos. El papel del auriga es similar al que, en otro cuento de Gurdjieff —el de la casa sin amo, ocupada por sirvientes que han olvidado sus deberes y que siguen solo sus instintos—, asume el mayordomo: es capaz de establecer el orden entre todas las personas que viven en la casa y restituye *la voz del maestro* (otro disco de Battiato, por supuesto).

Si verdaderamente llegamos a ser capaces de esto, de desarrollar la capacidad de conducir nuestras propias vidas, no solo no juzgaremos a uno de los caballos como malo, sino que ambos se estimularán mutuamente, porque representarán diferentes energías que necesitan espacio y gobernabilidad.

Platón, en efecto, saliendo de la metáfora, divide el alma del hombre en tres: una parte *racional*, una parte *irascible* y una parte *concupiscible*. Esta última fuerza psíquica es la más poderosa; es un monstruo de muchas cabezas que empuja al ser humano hacia la codicia y la satisfacción inmediata de los impulsos del instinto: es el caballo negro. El caballo blanco, en cambio, representa el alma irascible, ligada al coraje y a la impulsividad, a la fuerza de voluntad.

El auriga (el más débil físicamente de los tres, pero el único capaz de imaginar y mantener una dirección) representa el alma racional, destinada a dominar los impulsos y guiar en el camino. Presta atención al hecho de que la pareja —el complemento— son seres alados, y no solo el caballo bueno: si eliminas el caballo negro, ligado al anhelo, al deseo (*epythumia*), sería también eliminar un ala y, por tanto, perder la propulsión adecuada.

La enseñanza que proviene de la educación del caballo negro es prerrogativa exclusiva de los humanos: ningún dios naturalmente inmortal podrá jamás ser acrecentado si aumenta la presencia de un caballo de la *raza opuesta*. La falibilidad del ser humano, él mismo un ser limitado, es la clave para llevar a cabo ese proceso de cultivo del yo al que queremos invitarte.

Hay que evitar caer en el simple dualismo entre razón y pasiones que la lectura superficial de Platón ha generado a lo largo de la historia: se puede uno adherir al mito platónico reconociendo tanto el papel salvífico de la razón como el de las pasiones. El ser humano no será un dios, pero tiene en sí una parte noble, bella y buena que lo mantiene constantemente en la búsqueda de su propio equilibrio personal.

Tanto el mito de Gurdjieff como el platónico son también una invitación a la valentía. Porque para ser feliz hace falta ser valiente, como vimos en el capítulo dedicado: no hay felicidad sin ofrenda de uno mismo. Para ser valiente hay que ser vulnerable: no hay valor sin una disposición integral a lo desconocido. Para ser vulnerable hay que aceptar el fracaso: no hay vulnerabilidad sin riesgo de caerse. Para aceptar el fracaso, hay que aceptar la infelicidad: no hay caída que al final no termine en el suelo.

El primer paso para ser feliz, por tanto, es aprender a hacer de la infelicidad un punto de partida y no un paso a evitar. Solo reconociendo la dignidad de la infelicidad uno puede ser completamente feliz y contento.

¿CUÁNTOS SON USTEDES?

Recordarás la escena de la película *Solo nos queda llorar* con Roberto Benigni y Massimo Troisi, donde dos viajeros del espacio-tiempo cruzaron la frontera de la *Signoria* de Florencia bajo la mirada de un guardián muy firme que les preguntaba: «¿Quiénes son ustedes? ¿De dónde son? ¿Qué traen con ustedes? ¿Adónde van? ¡Un florín!».

Cada vez que cruzaban la frontera, el oficial de aduanas los llamaba y los obligaba a pagar el florín. Esta escena quería resaltar la actitud ridícula y despiadada de la burocracia, pero puede ser muy útil en nuestro camino.

Mira en tu pasado e intenta ver cuántos y qué personajes principales has interpretado cada día. Examínalos como si fueran los personajes de un gran espectáculo. Responde a la pregunta: ¿cuántos son? Y sobre todo: ¿quién eres?

Puedes ponerle un nombre a cada personaje, porque cada yo no se da cuenta que está haciendo un papel, pero se identifica totalmente con él: el profesional, el amigo, el gerente, el marido, la hermana, el abogado, el gastroenterólogo, el vendedor, el influencer. No es solo un juego y no debe hacerse únicamente por escrito: presta atención a cuántos personajes juegas y cuántos deseos contradictorios tienes a lo largo del día. No debes censurarlos, no debes reprimirlos, todo lo contrario: realiza un censo, trata de comprender cuántos y quiénes son, cuántos yoes viven en ti. Hazlo de verdad, comienza a poner atención durante una hora, luego durante una mañana y después durante todo el día.

Se trata de acordarse de colocarse un agente aduanal dentro de uno mismo, observar el acceso de los yoes al centro de comando y preguntarles: «¿Quién eres? ¿De dónde eres? ¿Qué traes contigo? ¿Adónde vas? ¡Un florín!».

ANDREA COLAMEDICI | MAURA GANCITANO

LA CONFEDERACIÓN DE LAS ALMAS

Nietzsche anticipó esta dinámica de multiplicidad psíquica cuando, en los *Fragmentos póstumos*, escribió que el yo es una construcción social de muchas almas, «una pluralidad de fuerzas de tipo personal, de las cuales unas y otras pasan a primer plano, como yo, y miran a los demás como un sujeto que mira a un mundo externo rico en influencias y determinaciones. El sujeto ahora está en un punto, ahora en otro». El sujeto es en tanto que se mueve continuamente entre diferentes lugares, es decir, entre las fuerzas que habitan en todo ser humano. Como explicaba siempre en los *Fragmentos póstumos*, «Solo entiendo un ser que es a la vez uno y múltiple, que se transforma y permanece, que sabe, siente, quiere —ese ser es mi hecho originario».

No se trata de ser uno o plural, sino de ser uno *y* plural. Saber ser fundamentalmente paradójico.

La idea de Nietzsche de la multiplicidad del uno fue tomada prestada de las obras de los *médecins-philosophes*, los médicos-filósofos franceses, entre los que destacaban Théodule Ribot y Pierre Janet. Stefano Canali, investigador de la Escuela Internacional de Estudios Superiores Avanzados (SISSA) de Trieste escribe en la revista en línea *Psicoactive*: «Partiendo de la psicopatología, estos psiquiatras habían descrito la mente, la conciencia, incluso las sanas, como un agregado inestable de yoes diferentes, una colonia de múltiples seres psíquicos, un archipiélago de islas de conciencia a la vez unidas y separadas por las transitorias corrientes marinas de distintos procesos mentales. Este complejo sistema de conciencias se basa en equilibrios precarios constantemente reformulados, por coaliciones psíquicas unidas en alianzas por procesos fatigosos y delicados de composición, contraste, culpabilidades. El yo manifiesto de un individuo es el más fuerte en este momento, el más capaz en un periodo dado de organizar, sintetizar y unificar individuos singulares y los muchos núcleos de conciencia que coexisten en una mente».

Somos el resultado de una serie de coaliciones de innumerables yoes, que se unen y se separan para tomar y salir de nuestro centro de comando. Cada coalición produce un equilibrio psíquico diferente en el huésped, equilibrio que siempre es momentáneo. Y cuando estas confederaciones de almas en el poder, como las definieron Ribot y Janet, no están alineadas internamente, surgen problemas de identidad.

Antonio Tabucchi también habla de ello en la maravillosa novela *Sostiene Pereira*, cuando el Dr. Cardoso le explica al periodista portugués el papel de los médicos-filósofos y su teoría de la confederación de las almas.

De acuerdo con esta esclarecedora perspectiva filosófica, cada individuo está convencido de que es parte de sí mismo, desprendido de la inconmensurable pluralidad de sus propios yoes. Pero este enfoque es, en realidad, ilusorio, hijo de una visión ingenua ligada a la percepción de una sola alma en la tradición cristiana.

Según Ribot y Janet, por el contrario, tenemos varias almas que habitan nuestro interior, todas puestas bajo el control de un yo hegemónico.

La normalidad, nuestra forma de ser, explica Cardoso en la novela, no es la premisa de nuestra vida sino solo el resultado, y depende del control que ejerce un yo hegemónico que ha sabido imponerse a la confederación de nuestras almas. Esto también es momentáneo, porque si surge otro yo, más capaz de tomar el poder y consolidar su hegemonía, cambiaría nuevamente nuestro escenario político interior.

YO SOY LEGIÓN

Ouspensky escribe que el hombre es una pluralidad, y su nombre es legión.

Y Legión es también el nombre con el que en los *Evangelios* de Marcos, Mateo y Lucas se llama a sí mismo un hombre poseído por un demonio que se encuentra con Jesús cuando aterriza en la región de los Gerasenos. «Él le pregunta: "¿Cómo te llamas?" Y respondió diciendo: "Legión me llamo, porque somos muchos". Y le rogaba mucho que no los enviase fuera de aquella provincia. Y estaba allí cerca del monte una gran manada de puercos paciendo. Y le rogaron todos los demonios, diciendo "Envíanos a los puercos, para que entremos en ellos". Y luego, Jesús se lo permitió. Y saliendo aquellos espíritus inmundos, entraron en los puercos, y la manada cayó por un despeñadero en la mar, los cuales eran como dos mil; y en la mar se ahogaron».

Dos mil cerdos no es poca cosa. Este pasaje evangélico indica, más que el tema de la inmundicia del cerdo en contraste con la sacralidad del monte, como apuntan muchos críticos, la capacidad de un ser humano individual de contener en sí mismo a demonios (que hoy podríamos llamar yoes) tan numerosos y poderosos que podrían enloquecer a dos mil animales. Es una especie de superpoder, el nuestro, que nos lleva a convivir con un sinfín de instancias distintas, casi siempre opuestas unas con otras.

Y es fascinante notar la respuesta de la población local ante el exorcismo practicado por Jesús: «Y les contaron los que lo habían visto, cómo le había acontecido al que había tenido el demonio, y lo de los cerdos. Y comenzaron a rogarle que se fuera de sus contornos». La liberación cuesta dinero y la factura es elevada. Para quien solo se ocupa de lo ordinario, es mejor quedarse con un endemoniado y dos mil cerdos que con uno sano y sin animales: este es, condensado en una oración, el entendimiento común manifestado en este pasaje del *Evangelio*.

SIEMPRE VIVIMOS EN EL ÚLTIMO YO

Pero, ¿cómo se forman estas legiones? ¿Cómo se generan las congregaciones de almas de las que hablaban Ribot y Janet? A través de una serie de eventos que reúnen yoes similares. En esencia, la vida ordinaria está completamente determinada por factores externos. No hay *intencionalidad*. El primer paso para desquiciar la situación es darse cuenta de la presencia de estos diferentes yoes y del hecho de que siempre vivimos *en el último yo*. Es decir, estamos convencidos de que somos una Totalidad siempre y solo a partir de la perspectiva que nos habita en el momento presente, y no nos damos cuenta de que es uno de los innumerables aspectos con los que hemos convivido hasta ese momento, y que pronto dejará su lugar a otro yo. Cada persona tiene un conjunto de yoes más fuertes, que tienden a aparecer con más frecuencia que los demás, pero no porque sean elegidos de manera consciente o porque sean más útiles que los demás para el proceso de florecimiento de la persona. Son, simplemente, el fruto casual de acontecimientos y estímulos externos sobre el material psíquico presente. Solo tomando conciencia de la multiplicidad y redescubriendo otra antigua virtud, la de la consistencia, podremos empezar a diseñar el fecundo laberinto de nuestra vida.

LA CONSISTENCIA

Estamos perpetuamente distraídos, es decir, de manera literal, separados, sacados (*dis-tractus*) del centro de la vida. Estamos entretenidos, o sea, retenidos de este lado de la frontera que nos impide encontrarnos en realidad con lo que habita el mundo. Solo hay una forma de salir de esa zona de distracción: redescubrir el poder de la constancia.

Coherencia, de hecho, es una palabra hermosa: proviene del latín *cum haerere*, y literalmente significa mantener unido. No eres consecuente cuando dices la verdad, sino cuando tomas en consideración todo tu ser en lo que haces.

Eres coherente, por tanto, no cuando actúas con base en el pasado, sino cuando te ocupas de dar espacio y escuchar a todas tus partes en cuanto nacen. Este es el sentido más profundo de la coherencia y que, en cambio, solo existe superficialmente en la banalidad de los que siempre se repiten. Como escribió Huxley, el ser humano que siempre quiere ser consecuente en su pensamiento y decisiones morales es una momia ambulante o, si no ha logrado sofocar toda su vitalidad, un monomaniaco fanático. La verdadera coherencia es un acuerdo gozoso que debe renovarse cada día consigo mismo: es el secreto de la felicidad, que nada tiene que ver con los planes de trabajo sobre ti mismo que transforman tu propia vida en un negocio agotador.

Para ser consistente, por lo tanto, nunca te detengas de conocerte, nunca dejes de observar el surgimiento de nuevas partes de ti mismo.

Esta es una disyuntiva crucial. No es que las demás no lo sean, entendámonos: cada bifurcación es crucial. Pero esta vez intenta poner más atención que de costumbre.

¿Quieres preguntas? Ve al capítulo 11.

¿Quieres algunas respuestas? Ve al capítulo 6.

6

EL CAMINO QUE NO LLEVA A NINGÚN LUGAR.
VOCACIÓN Y TALENTO

Vivimos bajo presión desde pequeños: nos preguntan qué queremos hacer de mayores, si queremos casarnos y tener hijos, intentan escudriñar si tenemos talento para el deporte, para la música, para el teatro, para las matemáticas. Esta obsesiva concentración en el talento y esta continua búsqueda de respuestas crean un estado de ansiedad que muchas veces llevamos dentro y que se convierte en la constante de nuestra vida, de la que tal vez solo lleguemos a ser conscientes en la edad adulta.

Sin embargo, si bien es cierto que muchas personas se desorientan por estas dinámicas, otras las viven muy bien, porque enseguida muestran un marcado talento, son decididas y brillantes. Esto no las hace más afortunadas, al contrario, porque corren el riesgo de ir por un camino construido por otros sin elegir nunca su dirección.

Aprender a florecer, en cambio, significa aprender a construir tu propio camino, sintiendo que tienes raíces sólidas y, al mismo tiempo, la libertad de manifestarte, de expresar todo tu potencial. Hablamos de florecimiento porque cada quien es una flor diferente, cada quien tiene diferentes momentos para florecer, y en lugar de querer obligar a un roble a convertirse en álamo o viceversa, lo mejor que podemos hacer por otro ser humano es ofrecerle herramientas para comprender su vocación profunda.

EL TALENTO ES UNA HERRAMIENTA

La obsesión por el talento provoca enormes sentimientos de culpa en las personas que piensan que no lo tienen, y crea una sensación de estancamiento e inmovilidad: *no tengo ningún talento en particular, pero me parece que tengo una vocación, una tarea que cumplir en esta vida, pero como no tengo talento este sentimiento debe ser falso, ¿quién me creo que soy?*

La idea de que una vida que tiene sentido se basa siempre en los talentos es una sugestión colectiva colosal, que no tiene conexión con la realidad. Como escribió Emilie Wapnick, la mayoría de las personas no tienen talentos excepcionales, sino que son *multipotenciales*, es decir, tienen muchos intereses entre los que no se arriesgan a elegir y por eso cambian de trabajo y de caminos a lo largo de su vida. No hay nada negativo en esto, especialmente porque es una condición presente en casi todas las personas.

La sugestión colectiva surge de haber confundido el instrumento con el propósito: los talentos son herramientas que te pueden permitir expresarte, andar el camino, pero no deben confundirse con la vocación. El talento se puede cultivar, potenciar, abandonar, traicionar, pero siempre sigue siendo una herramienta, que, por tanto, puede ser tanto liberadora como limitante. Seguramente conoces decenas de historias de personas destrozadas por su talento excepcional y, si lo piensas bien, está claro que una herramienta tan poderosa puede convertirse en multiplicadora de la felicidad, pero también de la infelicidad, si no se sostiene en algo más.

Imagínate que estás en una excursión de senderismo o haciendo el Camino de Santiago: es como tener un excelente par de zapatos, o piernas entrenadas, o una vista muy larga. Todas son excelentes herramientas para caminar, pero no muy útiles si no tienes una idea clara de a dónde ir y si no te preguntas por qué vas allí. Tal vez ni siquiera querías hacer el Camino de Santiago, tal vez querías aprender a pilotar un avión, o quizá bailar. Los talentos marcan la diferencia, pueden facilitar el camino, pero no son el camino. Lo mejor que pueden hacer es ponerse al servicio de lo que estás haciendo, facilitarte el camino, evitar los imprevistos.

Lo que realmente importa es la sensación de tener una llamada, es decir, una vocación, y eso es propio de todo ser humano. Despejemos el campo: tener vocación no significa estar llamado a salvar el mundo o a hacer algo excepcional, no te convertirá en un superhéroe o una superheroína, pero escuchar tu vocación puede permitirte tomar decisiones libres basadas en un sentimiento que puedes desarrollar. Seguir tu vocación puede llevarte a tomar decisiones que otras personas considerarán locas, sin sentido, contraproducentes, pero que pueden tener significado para ti. Significa diseñar tu propio laberinto, no seguir el camino lineal que te lleva a enfocar todo en tu talento y dejar de lado otras partes que están en ti, tus emociones, tus deseos.

Esto es lo que sucede cuando aparentemente renuncias a un talento: es como si estuvieras desperdiciando un capital que deberías utilizar en la medida de lo posible. Pero renunciar a un talento puede significar reconocer que esa herramienta no es útil en ese momento de tu vida. Y no es una renuncia permanente, puede ser un abandono momentáneo, además, sin sufrimiento, o incluso una liberación. ¿Por qué tener un talento debería obligarnos a desarrollarlo?

Talento es lo que los padres, la escuela, la sociedad te dicen que busques y te invitan a utilizarlo de forma lineal y racional: ¿qué talento tienes? Puedes tocar muy bien, entonces tienes que ser músico, o puedes dibujar muy bien, entonces tienes que ser un artista. Pero si el instrumento se convierte en la meta, puede incluso ser un obstáculo en tu camino de florecimiento, puede volverte dependiente de la necesidad de aprobación, reconocimiento, reputación, dinámicas de trabajo: un gran talento para la música puede volverse destructivo, por ejemplo, y puede volverte obsesivo si te obliga a buscar aprobación y éxito, y no el sentido. Asimismo, puedes divertirte y sentirte vivo haciendo algo en lo que no eres especialmente bueno, que nunca se convertirá en un trabajo, pero que te da la sensación de estar vivo.

LA DESPENSA

Imagina que cada uno de nosotros nace con una despensa en la que hay distintos ingredientes: alguien tiene más harina, alguien más azúcar, alguien tiene un poco de todo, en pequeñas cantidades. El talento es una cierta cantidad de cierta cosa que puede ser útil en la cocina, pero no determina completamente la bondad de la receta, ni la intención que se pondrá al prepararla, ni la forma en que se comerá el platillo.

Nos obsesionamos toda la vida con lo que hay o falta en la despensa y perdemos de vista todo lo demás. Tener una gran cantidad de harina no implica necesariamente que tengas que usarla, o que sepas cómo hacerlo, así como obligarte a usar un ingrediente en particular solo porque lo tienes —aunque corres el riesgo de arruinar la preparación— es equivalente al autosabotaje. Es difícil y a veces doloroso lidiar tanto con lo que no tenemos como con lo que tenemos y con lo que nos identificamos pero que ya no necesitamos.

En una receta, como enseñan los chefs estelares, es fundamental encontrar el equilibrio entre sabores y aromas, una templanza entre las partes; de poco sirve concentrarse en lo disponible (ingredientes, técnicas, herramientas) más que en las intenciones que nos mueven, en las razones por las que hemos decidido cocinar.

El proceso de florecimiento no se centra tanto en lo rebosante que está tu despensa, sino en aprender a cocinar con lo que tienes. Si tienes una despensa repleta, mucho mejor, y, además, siempre puedes ir de compras, es decir, desarrollar talentos que ahora no tienes.

CULTIVA LA SENSACIÓN

Una vocación puede hacer uso del talento, pero no depende de este. Es la sensación que tenemos cuando estamos haciendo algo y que no tiene nada que ver con llegar a la meta.

Mientras el talento requiere ser nutrido, formado, manifestado, la vocación necesita momentos de vacío, de silencio, porque de otro modo no puede manifestarse. Es una cuestión de significado que necesita atención para ser formulada.

Una vez, durante uno de nuestros talleres, un maestro describió este sentimiento de la siguiente manera: es como sentirse como pez en el agua. Se trata de sentir que en el momento presente estás en el lugar correcto y estás haciendo exactamente lo que quieres hacer en esta etapa de tu vida. Estar en el camino de tu vocación te da un placer que depende de lo que estás haciendo cuando lo estás haciendo, y todo lo demás —el éxito, el dinero, el reconocimiento— se vuelve superfluo, porque no hay metas que alcanzar ni recompensas que recibir.

Pero atención, porque una vocación no es una respuesta que se descubre de una vez por todas, como si fuera el trabajo perfecto y la pareja perfecta que, finalmente, te libran del miedo a tener que hacerte preguntas; sino que es una brújula que te señala cómo estás en este momento. Puede que en este instante te sientas en sintonía con este camino y unos metros más adelante te hayas perdido y necesites reflexionar sobre cómo has construido tu vida. Es agotador, pero significa ser auténtico contigo mismo y estar dispuesto a dibujar un laberinto de verdad.

Preguntarte si estás siguiendo tu vocación, no es como consultar la ruta en *Google Maps*, no es un camino regular que necesita una respuesta objetiva que depende del éxito de lo que hagas, sino que es una pregunta que solo tú puedes responder honestamente. No hay una respuesta externa objetiva al hablar de florecimiento personal, porque es un proceso de autoeducación fundado en dudas, preguntas y en escuchar tus emociones y sensaciones físicas. Es la razón por la cual las elecciones e intenciones de otras personas a veces pueden ser intuitivas, pero, en realidad, siempre siguen siendo un misterio.

EL LABERINTO

Otra de las lecciones de la filosofía antigua que podemos hacer nuestra es la importancia del proceso, más que el punto de llegada.

También porque no existe un punto de llegada como nos gusta considerarlo: solo hay etapas de un camino laberíntico hecho de abandonos y cambios de rumbo o de ritmo, que son tan diferentes como todos los seres humanos.

Y así, como escribió Jorge Luis Borges, un ser humano que se propone diseñar el mundo, termina poblando ese espacio de provincias, reinos, montañas, bahías, naves, estrellas, caballos y personas, y descubre poco antes de morir que todo ese conjunto de líneas, ese paciente laberinto de signos, no traza sino la imagen del propio rostro.

¿Cuánta libertad tenemos hoy para descubrir nuestro rostro, el verdaderamente auténtico, el que no quiere adaptarse a los modelos externos, a las imágenes de las portadas de las revistas? ¿Cuánto tiempo tenemos para averiguarlo?

Se necesita tiempo vacío para cuidar de ti mismo, tiempo para respirar profundamente y recuperar el rumbo. Esta dirección es algo intelectual, emocional, espiritual, físico.

Es una sensación que los antiguos percibían y cultivaban y que nosotros hemos dejado de lado.

No es un cálculo de costo/beneficio, una lista de pros y contras, una elección racional, sino que es una guía interna. Aquello que Sócrates sentía cuando habló del *daimon*, que le indicó lo que no debía hacer y los caminos que no debía seguir.

En *Liberati della brava bambina* citamos el pasaje de Carlos Castaneda que dice: «Todos los caminos son iguales. No conducen a ninguna parte. Pregúntate: ¿Este camino tiene corazón? Si lo tiene, es un buen camino, si no lo tiene, es inútil. Ambos caminos no llevan a ninguna parte pero uno tiene corazón y el otro no, uno lleva a un viaje feliz, mientras lo sigues eres uno con él, el otro te hará maldecir tu vida, uno te hace fuerte y el otro te debilita».

Los anuncios en Facebook a menudo están llenos de imágenes: cielos azules llenos de nubes, un globo rojo o un corazón, y luego las palabras *Sigue el camino que tiene corazón*, pero no te concentres en la parte más incómoda de la oración: «Ninguna de las dos vías conducen a algún lado». En una sociedad que siempre nos empuja a preguntarnos si lo que hacemos mejorará nuestro nivel de vida, nuestra reputación, si lograr un objetivo nos hará felices, nos encontramos con que el camino que tiene corazón no lleva a ninguna parte.

El florecimiento personal no tiene un fin, no hay meta que alcanzar y en la cual detenerse. Hemos visto que los que corren como locos esperando alcanzarla tienen esa ilusión, pero la vida del ser humano es más bien un peregrinaje en el que puede dibujarse un laberinto singular, a veces, yendo a paso ligero, otras despacio, otras luchando, en el que puedes perderte e incluso detenerte. La dificultad está en preguntarte cuál es la dirección sin olvidar que el sentido de seguir la propia vocación no está en la meta, sino en el paso.

El camino de la vocación es aquel en el que «mientras lo sigues, eres uno con el», como pez en el agua, en su propio elemento, percibiendo el cansancio y, a la vez, el sentido, encontrando el justo equilibrio entre movimiento y estabilidad.

PODER PERSONAL

Castaneda siempre sugiere qué actitud mantener al caminar cuando habla del poder personal. No se trata de un sentido de omnipotencia la percepción de poder tener control sobre personas, cosas, eventos. En efecto, el proceso debe hacernos comprender que no tenemos control sobre nada, que nuestro campo de acción como seres humanos frágiles y transitorios es siempre pequeño, pero el poder real que tenemos no es el de aquellos que quieren manipular o dominar. El poder personal es literalmente el sentimiento de ser afortunados.

Hoy en día percibimos la suerte como algo que le pasa a muy poca gente y que casi siempre va ligado a la tranquilidad económica, emocional, o al hecho de que todos te aprecian y sean muy pocos los disgustos que te sucedan. Es una idea verdaderamente limitada, porque tiene en cuenta lo que posees, no la mirada, sino la actitud filosófica con la que ves las cosas, mientras que el lado filosófico no significa ser *desprendidos* en absoluto, sino todo lo contrario.

¿Cómo puedes sentirte afortunado si, como dice Castaneda, de todos los caminos que pasan por el monte, algunos se pierden, otros luego regresan, pero ninguno termina en un lugar que tenga sentido? ¿Cómo un camino que no conduce a ninguna parte sirve para algo? Si ningún camino te conduce a ninguna parte, ¿por qué un camino es mejor que otro?

No creas que hay una respuesta correcta, piensa que se trata, ante todo, de una condición que debe surgir en ti, y que puede desarrollar un estado de duda fértil. Tendemos a adherirnos a uno u otro llamado —o está bien o está mal—, pero debemos aprender a permanecer en las preguntas, dejar que las condiciones florezcan, vivir en la duda. La condición de la filosofía es poder navegar a la vista, consciente de estar inmerso en una fuerza invisible que nos supera, en una cantidad infinita de variables inescrutables.

LA DERIVA

Hay un arte urbano del asombro descrito por el genial Guy Debord y retomado por Paolo Maria Clemente en el libro *La deriva. Istruzioni per perdersi* (*La deriva. Instrucciones para perderse*). La deriva «consiste en deambular por la ciudad ignorando las referencias habituales como carteles, escaparates, monumentos, dejarse guiar por los signos, es decir, por cosas insólitas que suceden por casualidad. De signo en signo llegamos a la aparición o, más bien, a un espectáculo que capta nuestro interés».

Se trata, en esencia, de renunciar a los motivos habituales por los que te mueves y actúas en los espacios comunes (relaciones, trabajo, ocio, comida, deporte), de no seguir los mapas en papel ni virtuales, sino dejarte llevar por lo que viene: por las indicaciones que el mundo te ofrece y los encuentros que surgen cuando las sigues. De esta manera aprendes a desarrollar una relación con el entorno, que puede darte indicaciones sobre las direcciones a seguir. La deriva aumenta el nivel de tu sensibilidad, porque te acostumbra a pensar que puede haber una fuente viva de asombro en cada esquina. ¿En qué consiste el ejercicio que te pedimos que hagas?

Sal de casa. Si ya estás fuera, mejor. Una vez que hayas llegado a lo que parece ser un buen punto de partida, comienza a leer de nuevo. Si no tienes salida o te asalta la pereza, esfuérzate en hacer este ejercicio lo antes posible. Por ahora, sáltate este párrafo y vuelve cuando tengas una hora libre para pasear. Si no, abre la puerta y sal. Te veo luego.

Aquí estamos de nuevo, estás lejos de casa. Detrás de ti está lo conocido: dormitorio, baño, cocina, tus libros, tus cosas. Ante ti, sin embargo, está lo desconocido. Sí, acaso conoces a los habitantes de tu barrio, puedes distinguir sus rostros, sus actividades y sus calles, pero ahora tienes que escapar de lo que ya conoces. A medida que pasas, centra tu atención en los pequeños espectáculos que se organizan para ti en los alrededores. No busques fuegos artificiales: busca una hoja voladora, un bocinazo, una melodía familiar. Espera. Literalmente *aspĕcta*, es decir, mira con atención.

Ve hacia donde te lleve tu atención y comienza a caminar, tratando de reconocer la sensación que te hace sentir para dónde debes dar la vuelta, si tienes que retroceder o girar a la derecha o a la izquierda. Espera a que lleguen las señales hechas a la medida. Cuando llegue una, dirígete a ella. En unos minutos te sentirás dentro de un enorme videojuego, y no entenderás bien si eres su protagonista, jugador o jugadora. No hay lugar a dónde ir, solo un sentimiento a seguir y la percepción de que es un juego que va hacia donde llevan todos los juegos: a ninguna parte. El poder personal, es decir, el sentimiento de sentirse afortunado, radica aquí: en la capacidad de recordar que lo que importa a la hora de jugar no es optimizar el tiempo, sino vivirlo profundamente, maravillándonos.

En este caso no te pedimos, como en el capítulo 3, que encuentres tu paso, sino que percibas el radar interno que te dice por dónde ir, que no te fijes en cómo caminas y en tu habilidad para triturar los kilómetros, sino solamente en cómo te sientes mientras estás a la deriva.

Al final del ejercicio (*sientes* cuando termina una deriva) vuelve a casa y escribe en tu Diario las impresiones que te ha provocado, intentando reconstruir el camino que has recorrido, el laberinto que has trazado.

ESTAR EN LO CORRECTO, ESTAR EQUIVOCADO

La vocación tiene que ver con aceptar la condición de perderse, aceptar la posibilidad de que en cinco minutos puedas estar completamente equivocado sobre lo que estás viviendo. Con ganas de equivocarse, con ganas de poder superarse y poder dispersarse. No es una elección específica, sino el proceso que conduce a esa elección, el enfoque mental, emocional, físico y espiritual con el que se logra algo. Es un discurso del que huimos, porque las respuestas que buscamos son sobre las cosas y personas adecuadas, no sobre actitudes: ¿es él/ella la persona adecuada para mí? ¿Es este el trabajo o campo de estudio perfecto para mí?

¿Qué pasa si no es la persona, sino el tipo de relación? ¿Y si no fuera el trabajo, sino todo ese conjunto de pensamientos, límites, condicionamientos que te impiden percibir el fluir y sentir que estás en el camino de tu vocación cuando realizas ese trabajo?

El término vocación proviene del latín *vocare*, que significa llamar, y tiene que ver con sentirse llamado. Es como una especie de imán, de magnetismo hacia el cual tendemos, algo que debemos seguir, que nos atrae, nos excita, pero entre nosotros y ese imán, a menudo, hay muchas interferencias: nos distraemos, derrochamos energía, recibimos miles de consejos, estímulos, condicionamientos, miedos, juicios no solicitados. Somos muy hábiles creando distancias y obstáculos.

Si estás leyendo este libro, podemos decirnos honestamente que debe haber algo en tu vida que está fuera de lugar, que no comprendes, que no resuena contigo. Tal vez no quieras hablar con alguien sobre eso, es más la sensación de algo que se te escapa, o es una vieja dinámica crónica que no puedes romper. Tal vez te sientas culpable porque tu identidad personal aún no es perfecta, completa. La buena noticia es que una persona nunca se termina de realizar mientras esté viva. Una persona que se propone florecer no puede dejar de hacerse preguntas, de cambiar de camino, de abandonar otros, de darse cuenta de que muchas cosas que le pertenecían ya no le conciernen.

Una vocación es una sensación física, no una respuesta seca. Hay momentos en que el ritmo es regular, respiras bien, te mantienes en la corriente y recorres kilómetros sin esfuerzo, y otros momentos en que todo se vuelve muy difícil y quizás —como dice Castaneda— hay que volver a hacerse preguntas y discutir la ruta que nos habíamos marcado, porque las condiciones han cambiado o porque realmente no era el camino que queríamos seguir, sino el que alguien más quería para nosotros o que nos parecía más fácil o que nos habría hecho quedar mejor.

El mismo trabajo que te enriqueció hace un año hoy puede vaciarte, y no tiene nada de malo. El mundo contemporáneo cree que la subjetividad humana es una *selfie* que debe permanecer siempre igual, en dos dimensiones, y contarlo todo sobre el océano inexplorado que es el universo de una persona. En realidad, hay muchas cosas sobre ti que salen a la luz con el tiempo, que no esperabas. Deseos que no eran como tú, viajes que no te interesaban y ahora sí.

Ciertamente, es más cómodo convencerte de que eres esa imagen bidimensional, pero si has elegido seguir el camino de tu vocación, ten en cuenta que siempre surgirán nuevas partes de ti, no podrás ignorar las emociones y sensaciones físicas, ya no podrás pensar en ti mismo, tomar decisiones racionales. No es, por tanto, un camino lineal, porque los caminos lineales no existen.

Un camino que tiene corazón es un camino auténtico, por lo que no puede ser un camino recto. Pero para crear tu camino auténtico necesitas la voluntad de ser frágil y vulnerable, pasar por momentos de desánimo y confusión, donde no siempre tienes el control sobre todo.

Para empezar a hacer esto, primero debes cultivar la habilidad de crear vacío y espacio.

HACER VACÍO

Cuando comenzamos un taller siempre preguntamos a los participantes por qué decidieron estar allí y no en otro lugar. Las respuestas son variadas, pero a menudo involucran expectativas de las que uno aprenderá. Una vez, empero, una señora respondió con mucha sinceridad: «Porque hoy mi esposo no está en casa y yo hubiera pasado todo el domingo sola, y tenía miedo de las horas vacías que tendría por delante».

El miedo al vacío es el miedo a la vida contemplativa, y es más común de lo que crees. Incluso cuando nos hacemos preguntas sobre el significado de nuestra existencia, básicamente nos gustaría una respuesta inmediata o, simplemente, queremos revolcarnos en el victimismo. Sin embargo, es muy difícil, ya que no estamos educados para ello: entrar de verdad en un estado de contemplación y espera.

DE LA VOCACIÓN A LOS PROYECTOS

La vocación es un sentimiento que podemos aprender a reconocer, que necesita del vacío y de la contemplación, pero centrarse solo en lo contemplativo es un poco como centrarse solo en lo activo: no has encontrado una justa medida, sino una polaridad. De la vida contemplativa hay que poder pasar a la vida activa, y viceversa, por tanto, hay que aprender a cruzar y volver a cruzar el puente.

Reconocer tu vocación, preguntarte cuál es el camino por seguir es fundamental, pero en este camino sin meta es necesario que haya puntos de parada, esos que —mirando hacia atrás— te hacen percibir el movimiento que has hecho: los proyectos. Los proyectos son metas que te propones, que a veces te desafían, que te pueden dar satisfacción, que te ayudan a poner en práctica lo que sientes y a lograr lo que quieres, pero no son un propósito.

Existe una gran diferencia entre metas y objetivos. Podemos tener varios objetivos en el mundo ordinario, como asegurarnos de que la casa no se convierta en un desastre cada semana. Esta es una meta y para lograrla puedes encontrar técnicas útiles, ayudas, nuevos hábitos, pero no es una meta. El propósito no tiene nada que ver con lograr un premio final. No hay recompensa en una vocación: como sabes, el camino en un corazón no lleva a ninguna parte. ¿Por qué hacer esto entonces? Haces esto porque quieres intentar escuchar un tipo de voz que no es alcanzable a través de una técnica, sino a través de algo más complejo y narrativo. Y a la larga es fácil, pero no simple.

SIMPLE Y FÁCIL

Simple viene de *simplex*, sin pliegues. Lo que es libre de arrugas es algo que ya se ha explicado tanto como ha sido posible. De hecho, lo que solemos buscar es la sencillez: buscamos una vida sencilla, un conocimiento que nos haga imperturbables, y nos engañamos pensando que nuestra vocación más alta implica un estado de quietud.

En *El Maestro y Margarita* de Mijaíl Bulgákov, al final se muestra que la quietud, la paz (*pokoj*), como se la llama en la novela, es en verdad un premio, pero de menor valor que la luz (*svet*), participación activa e indomable con lo divino. Porque al interior de una vida libre de arrugas, en realidad, hay más semejanzas con la apatía que con el conocimiento. Vivir constantemente dentro de una situación ya explicada significa no obligarse a explicarla.

Fácil, por otro lado, viene de *facilem*, así que fácil es *factible*. En otras palabras, lo fácil es lo factible. Sin embargo, no es un valor objetivo: algo puede ser factible para mí y muy difícil para ti, pero se puede hacer. ¿Y qué significa que se *puede* hacer? Significa que alguien ya lo hizo antes que yo, que alguien ya ha comenzado a recorrer ese camino, paso a paso. Nunca será una autopista, que es lo que la mayoría de nosotros buscamos, pero siempre será un camino nuevo y diferente, incierto pero fácil.

Tu camino te lleva al capítulo 12.

7

ETIQUETAS REMOVIBLES.
CÓMO INVENTAR VALORES

Una noche, hace algún tiempo, mientras leíamos en nuestra habitación, escuchamos un golpe en la puerta de nuestra casa. La cara graciosa de uno de nuestros niños apareció de una grieta. «Eneas, ¿qué está pasando? ¿Por qué no estás durmiendo?», le preguntamos.

Y él, con una mezcla de miedo y asombro, tras unos segundos de silencio nos dijo: «¡Papá! ¡Mamá! ¡Ya no recuerdo cómo dormir!».

La escena fue maravillosa, y sí, finalmente llegó a la cama y logró recordarlo. Una acción *obvia*, ordinaria, había aparecido ante los ojos de nuestro hijo en toda su extrañeza, envuelta en una especie de *aura de imposibilidad*. Un poco como cuando Peter en un episodio de *Family Guy* había olvidado cómo sentarse. Pero si sentarse es muy sencillo, en realidad no es fácil explicar cómo es dormir: hay que cerrar los ojos, relajarse... ¿y luego? ¿Qué haces *concretamente* para conciliar el sueño? Y, sobre todo: ¿por qué dormimos? William Dement, fundador del Centro de Investigación del Sueño en la Universidad de Stanford, confesó la impotencia de la ciencia frente al tema, afirmando que, en la medida en que lo sabemos, solo hay una razón segura para explicar nuestra necesidad de dormir: nos da sueño.

No sabemos por qué dormimos: simplemente dormimos. Y el mundo está lleno de tales cosas: toda nuestra existencia está hecha de razones desconocidas, de razones inexplicables, de mecanismos que se dan por supuestos. Vivimos con la ilusión de tenerlo todo bajo control, pero no es así en absoluto. En realidad, es precisamente esta arrogancia nuestra, hija del miedo, la que nos impide ver cuánto queda del mundo por descubrir.

El hecho es que cuanto más sabes, más te das cuenta de que no sabes. Cuanto menos sabes, menos te das cuenta de que no sabes. Cuanto más estudias, más entiendes que tienes que estudiar. Cuanto menos estudias, menos entiendes que tienes que estudiar. Cuanto más amas, más sabes que no sabes amar. Cuanto menos amas, menos sabes que no sabes amar. Cuanto más profundo vas, más te das cuenta de lo lejos que está ese fondo que antes tenías la ilusión de alcanzar.

La pregunta, por lo tanto, es: ¿cómo entiendes dónde estás? ¿Cómo orientarse en el caos de información en el que estamos inmersos?

Es importante saber qué ignorar, como escribe Yuval Noah Harari en *Homo Deus*. Náufragos entre las inmensas olas de la *web*, hace tiempo que dejamos de navegar y nos limitamos a disfrutar flotando. Ya no sabemos nada porque sabemos demasiado: estamos invadidos por información, imágenes, sonidos y emociones, y es como si tuviéramos un manojo interminable de llaves, pero sin saber qué puertas es mejor abrir y en qué orden. Los que hoy tienen poder no son los que tienen muchas llaves, sino los que saben adónde ir y no se dejan sumergir. Quienes saben decidir cuándo y a quién decir que no.

El truco no es saber tanto como sea posible, sino saber lo que vale la pena saber. Y para ponerlo en práctica necesitas valores: las herramientas útiles para guiarte en el mundo de tal manera que no derroches tu energía, y para recordarte qué flor eres. Es por eso que ahora te ayudaremos a encontrar tus valores. Sin embargo, antes de pasar al siguiente párrafo, toma inmediatamente tu Diario y describe cuáles son estos enigmáticos valores para ti. *Tal persona tiene grandes valores, los buenos valores son los del pasado, los valores de hoy están en crisis. Pero ¿cuáles son estos valores?* Piénsalo y escríbelo en el Diario.

Es importante que, antes de continuar, te ocupes del hecho de que, probablemente, no tienes una idea clara de qué son ni es fácil explicar lo que representan para ti.

Intenta.

¿Qué son para ti los valores?

PARA QUÉ SIRVEN LOS VALORES

Los valores son excelentes herramientas para dar algunos pasos cruciales en tu proceso de florecimiento personal. Soy el abono de tu flor personal. «Pero ¿cómo?», dirás, «¿no dijimos que la flor *cambia*? ¿Que nos transforma en el curso de la vida, y que estamos habitados por tantas instancias diferentes, por tantos yoes? ¿Cómo concilias los valores tradicionales de siempre, los estáticos, con las legiones que viven allí? ¿Cómo pueden las ideas generales organizar mundos tan diferentes?».

Es una pregunta justa, pero no hay que pensar en los valores como algo fijo e inmutable. No te estamos invitando a elegir entre la lista de valores de los estoicos, los epicúreos o los cínicos y adherirte a ese estilo de vida para siempre. No tendría sentido forzar el ropaje de valores de los antiguos sobre nuestros cuerpos interiores, que ahora son completamente diferentes a los de aquella época. Hemos cambiado, tenemos que superarlo. El único camino disponible es el de la alta costura *a la medida*. De un traje hecho a la medida, que ajustas a ti y tomas los mejores materiales de aquí y allá.

Cada flor, de hecho, necesita cuidados específicos: un suelo determinado, un tipo de riego determinado, una exposición solar específica. No se puede ofrecer a una rosa el mismo trato que a una escoba: se secaría. Las condiciones deseables y los criterios de evaluación de las acciones y comportamientos de una flor, por lo tanto, representan sus *valores*.

La definición clásica del término valor es (citando el diccionario Treccani) *cualquier condición o estado que el individuo o más frecuentemente una comunidad considere deseable, asumiéndolo como criterio de evaluación de acciones y comportamientos. Valores que conforman la estructura social sobre la que se manifiesta la adhesión colectiva de cada comunidad.*

Por eso hablamos de las crisis de los valores: porque el marco ético sobre el que se asentaba la sociedad tradicional ya no cumple su función. Los viejos valores, que en todos los aspectos son historias, ya no pueden actuar como un pegamento social o como un acicate individual. Esta no es una dinámica nueva: a menudo sucede en la historia que algunos valores se derrumban. Que, por ejemplo, dejas de unirte a valores jerárquicos para acercarte más a valores comunitarios (y viceversa), o pasar de valores más *espartanos* a valores *atenienses* (y viceversa), para ponerlo en dos de las posturas que son las que más han influido en Occidente. La novedad de nuestro tiempo es que no parece haber valores *nuevos* en circulación dispuestos a suplantar a los antiguos. Es la condición natural de lo que Nietzsche definió, a propósito de Turgueniev, como *nihilismo*: es entonces cuando «se devalúan los valores supremos [...] falta el propósito, falta la respuesta al por qué».

TRANSVALORAR LOS VALORES

Después de todo, la idea de Dios, Patria y Familia, el último *parche* en funcionamiento del gran juego de rol occidental, fue relajante. Ofrecía *propósito, por qué* y *valores* en un solo paquete: se trataba de obedecer y seguir buenos estándares. Se hicieron las cuentas y nos fuimos a dormir tranquilos, aunque traer pan a la mesa era un problema. Esta *actualización* hoy ya no se ejecuta en nuevos sistemas operativos, y solo nos queda crear uno nuevo. El hecho de que los valores se devalúen es, además, una gran oportunidad para inventar otros, implementando lo que Nietzsche llamó la transvaloración de todos los valores.

Por valor, escribe Heidegger, Nietzsche entiende «cuál es la condición de vida, es decir, el fortalecimiento de la vida. La transvaloración de todos los valores significa posicionarse por la vida, para el ente en su conjunto, una nueva condición por la cual la vida es empujada hacia sí misma, es decir, más allá de sí misma, y solo así se vuelve posible en su verdadera esencia».

Los valores, en esencia, son relatos que han terminado por alejarnos de la vida: en lugar de fortalecerla, la han vaciado.

Si vas a una galería de arte, encontrarás que la mayoría de las personas no miran *directamente* las obras, sino que primero van a las etiquetas. Aquí encontrarás el nombre del autor, el de la obra, el año, el material y otros datos útiles para encasillar la experiencia artística. Solo más tarde la mirada se desplazará hacia la obra. Al hacerlo, se antepone la razón al sentimiento y no se permite que el arte haga su propio trabajo como *centrifugador interior*.

Tienes que pensar en los valores como etiquetas que realizan la misma función.

Lo que Nietzsche quiso decir con su crítica de los valores es que estos deberían ayudar al encuentro con la vida, sin embargo, muchas veces terminan limitando su efecto, al igual que algunos subtítulos hacen con algunas grandes obras. La próxima vez que vayas a una exposición, céntrate en los visitantes y no en las obras: notarás muchas cosas, algunas de las cuales son mucho más interesantes que ciertos paneles que los curadores instalan en los museos por miedo al vacío. Los valores tradicionales se han convertido en etiquetas gigantes, llenas de información inútil, que han perdido su significado y que han entrado en crisis.

Por lo tanto, podría evidenciarse que si el objetivo final es impulsar la vida hacia sí misma, entonces deberíamos alegrarnos de la ausencia actual de valores/etiquetas. Si el valor te aleja de la vida, la ausencia de valor te acerca a la vida.

Sin embargo, no, no funciona así. La ausencia de valores es el campo de juego perfecto para lo que Nietzsche define como los *últimos hombres*, es decir, aquellos que se revuelcan en el desastre de nuestro tiempo y convierten las ruinas en un negocio. El último hombre, explica Slavoj Žižek, es aquel que, cansado de la vida, ya no puede soñar; el que rehúye todo riesgo, prefiriendo una existencia cómoda y segura, alejado de los conflictos.

Se trata, por el contrario, de aprender a construir nuevos valores temporales, un poco como las Zonas Temporalmente Autónomas o ZTA teorizadas por Hakim Bey en el libro del mismo nombre (que no en vano abre con una cita de Nietzsche), en el cual el filósofo estadounidense indica las tácticas sociopolíticas a través de las cuales crear temporalmente espacios autogestionados, de tal manera que se puedan evadir las estructuras e instituciones formales impuestas por el control social.

Se trata de pegar etiquetas *removibles* y *modificables* a la cosa real, capaces de acompañar hacia un disfrute más profundo del trabajo/vida sin dejar huellas innecesarias.

Etiquetas que puedas desprender y volver a pegar para hacer de tu vida, a través de valores transvalorados, móviles y cambiantes, «un lugar liberado, donde la verticalidad del poder es reemplazada espontáneamente por redes horizontales de relaciones». Esta es la filosofía del partido con la que abrimos el libro: la única alternativa a la filosofía del miedo.

LA ELECCIÓN DE VALORES

〰〰〰〰〰〰〰〰〰〰〰〰〰〰〰〰〰〰〰〰〰 ⌒↩

Previamente escribiste en tu Diario lo que significa para ti el concepto de valor. Ahora la cosa se pone difícil: elige cinco valores en los cuales basar tu vida a partir de ahora. «El verdadero *derecho* es crear valores», escribió Nietzsche. Y tú, ¿eres capaz de crear valores? Elige cinco valores que puedas usar para tamizar tus días y comprender, por la noche, si has cuidado la planta que eres o no. Cuestiona estos valores todas las semanas: ¿qué valor has sobreestimado y puedes sustituir? ¿Y cuál es el crucial? Incluye valores en tu autoexamen diario y pregúntate: ¿Respeté mis valores? ¿He descubierto alguno nuevo? ¿Entendí que algunos valores ya no me pertenecen o nunca me han pertenecido?

〰〰〰〰〰〰〰〰〰〰〰〰〰〰〰〰〰〰〰〰〰

LA TERAPIA DE LA ESCRITURA

Si nunca lo has hecho, lee las *Meditaciones* de Marco Aurelio, que son, en efecto, una larga serie de ejercicios espirituales. Entrarás en el laboratorio interior de un filósofo y no en un libro diseñado para deleitar a lectores y lectoras. Como bien ha señalado Giovanni Reale, estos pensamientos «no fueron escritos para ser publicados, sino para recordar continuamente y reinterpretar constantemente [...] algunas verdades de la Estoa*, presentándolas y representándolas con continuas variaciones y re-sospechas».

---

* Edificio grecolatino que fungía como espacio público para la vida social. (N. del T.).

Las frases que hasta ahora has apuntado en tu cuaderno y los valores que acabas de transcribir son el primer borrador de tus verdades: debes aprender a trabajarlas, memorizarlas y comprenderlas, para transformarlas en filtros con los que pensar y actuar; tal como lo hizo Marco Aurelio, también tú puedes escribir en tu Diario, para que puedas tener siempre presentes las reglas de vida que estás aprendiendo a darte a ti mismo. Para probar nuevas reglas y reemplazar las antiguas, sin cansarse nunca de volver a ellas, de repetirlas.

Como escribe Pierre Hadot en *La ciudadela interior*, Epicteto repetía una y otra vez ciertos principios en sus lecciones, «practicando una especie de "terapia del habla"; Marco Aurelio, en cambio, las repite por escrito, practicando, de manera similar, una especie de "terapia de la escritura", dirigida a sí mismo». Hadot explica que no se trata de «reglas matemáticas recibidas de una vez por todas y aplicadas mecánicamente. Deben convertirse, si podemos decirlo, en conciencia, intuiciones, emociones, experiencias morales que tengan la intensidad de una experiencia mística, de una visión».

En tu caso, los principios no los proporciona la Estoa, que es la corriente filosófica (estoicismo) a la que se adhirió Marco Aurelio, ni los autores de este libro: los construyes tú mismo, y puedes inspirarte en la Estoa, este libro e infinitas ideas a tu disposición. Es el peso y el honor de vivir en un tiempo como el nuestro, tan confuso como fértil.

Para fundamentar la intensidad de la comprensión, que está destinada a desaparecer en poco tiempo, es necesario escribir, escribir, escribir: leer y releer no es suficiente. Hay que hacer variaciones sobre el tema con cuidado y no escatimar en las repeticiones, como si fuera un entrenamiento del espíritu (y efectivamente lo es).

«Todo está en la acción de escribir». Es la mejor manera de transferir conocimientos más profundos de la teoría a la práctica. Escribe y vive, vive y escribe.

Escribe y vive, vive y escribe.

Y ahora elige si ir directamente al capítulo 4 o cerrar el libro, vivir un poco y volver mañana.

8

UN ANILLO EN MEDIO DE UN VERTEDERO. TRANSFORMAR LA ANSIEDAD Y EL MALESTAR EN LÍNEA

Cualquier filosofía de vida que ignore el espacio digital está condenada al fracaso: pasamos la mayor parte de nuestros días conectados y disfrutamos del gran mar de Internet casi siempre a través de las piscinas de las redes sociales.

El sentimiento generalizado, al moverse en ese espacio, es el de ser cazado en una posible emboscada a la vuelta de cada esquina. En un estado de ansiedad perenne, como si las calles digitales estuvieran llenas de comadres de pueblo que brillan en la iniciativa, parafraseando a De André. Independientemente del tamaño de su círculo de contactos, cada gesto en línea se magnifica y cada error puede volverse fatal.

¿Las causas? La envidia social, la frustración, el aburrimiento, la tendencia a criticar y ridiculizar cualquier desviación de la norma, que han creado un entorno digital tóxico en el que somos monitorizados y castigados en masa. Como contamos en *La società della performance* [La sociedad del rendimiento] (2018), una sola mala actuación puede destruir toda una carrera o arrasar con una vida, y lo que sucede, en consecuencia, es la constante reducción de todo impulso, la anulación de todo riesgo.

Para no ser avergonzados, nos aplanamos en la mediocridad, y lo que se difunde en la red se convierte en un compromiso reducido entre lo que a uno le gustaría decir y lo que es aceptable decir sin ser destrozado.

REDES SOCIALES Y SOCIABILIDAD

Cada vez más personas que tienen miedo o, simplemente, ya no quieren expresar su opinión en las redes sociales, porque demasiadas personas a su alrededor las usan como si fueran una gran cloaca en la cual verter la frustración, el odio, la ira, los prejuicios. Cada día buscan nuevos enemigos a los que derrotar y líderes a los que seguir. Las redes sociales no son la plaza del diálogo, sino un ruedo en el centro de un vertedero, donde el sonido de la notificación es la campana de la pelea. La vida social se está volviendo cada vez más insoportable para muchas personas: excepto en algunas islas felices, los signos de una regresión social y psíquica son evidentes en línea.

Estamos desaprendiendo el sentido de comunidad, en formas y tonos, y en las redes sociales «la exhibición de autenticidad ha demostrado ser un valor particularmente rentable», como escribió proféticamente Mark Fisher. El problema con esta supuesta autenticidad generalizada es que se trata de material emocional sin procesar que se vierte perpetuamente en línea, que es útil para cambiar votos y generar publicidad, pero muy perjudicial desde el punto de vista del florecimiento personal. Echar cada día el propio veneno al mundo es condenarse a la muerte interior, quitarle el espacio de expresión a los demás. Trabajar la frustración te permitiría convertirte en mejor persona, menos cínica, menos violenta. La decisión es tuya, ya sea para quedarte en silencio y dejar el campo o involucrarte para recuperar este espacio.

Estamos hiperconectados sin estar conectados. Mejor dicho, estamos conectados *entre* personas sin estar conectados *con* personas. Realmente no tocamos a la otra persona, pero estamos atados y sometidos a las herramientas de conexión.

NÚMERO DE DUNBAR

El antropólogo británico Robin Dunbar ha realizado experimentos para comprender cuántas relaciones sociales estables somos capaces de mantener como seres humanos. Tras haber descubierto una correlación entre las dimensiones del cerebro de los primates y las de sus grupos sociales, aplicó el mismo modelo sobre las dimensiones medias del cerebro humano, llegando a elaborar el llamado número de Dunbar: somos capaces de tener relaciones con un máximo de ciento cincuenta personas.

Piensa en todas las personas con las que entras en contacto con regularidad a través del trabajo, la vida social, Internet, la familia, el vecindario. Seguramente hay muchos más de ciento cincuenta, y esto no puede dejar de estresarte, sobre todo si estas relaciones se llevan a cabo con mensajes instantáneos, llamadas telefónicas ultrarrápidas o en medio de fiestas, cenas y cumpleaños entre mil otras citas. Nuestro cerebro tiene que procesar demasiada información, demasiados datos, pensar y cuidar a demasiadas personas y demasiadas cosas, y esto termina por hacernos sentir culpables si nuestras acciones no son perfectas y olvidamos aniversarios o descuidamos a alguien.

DEEP SCROLLING

De acuerdo con investigadores de la Academia Estadounidense de Pediatría, los casos de depresión juvenil registrados en los últimos años están vinculados con la mala calidad del contenido disponible en las redes sociales. Un querido amigo nuestro, el artista Federico Clapis, acuñó el término *deep scrolling* para indicar una forma más consciente de utilizar las redes sociales: el Deep Scrolling Movement *es un movimiento artístico y social que pretende transformar nuestro acercamiento a las redes sociales en un acto terapéutico, volcando así nuestros hábitos en una dirección proactiva, un nuevo estilo de vida digital: a través de dejar de seguir a todas las personas que publican cosas inútiles y delirantes, y seguir solo en los perfiles que publican ARTE.*

El ejercicio que te proponemos parte de la idea del *deep scrolling*, y consiste en dejar de seguir o de darle *like* a todas aquellas personas que no publican contenidos de calidad y que contribuyen a generar una sensación de inadaptación, vergüenza, frustración e insatisfacción, y agrega museos, artistas, filósofas y filósofos, poetas y proyectos seleccionados que pueden inspirarte. Tienes la oportunidad de mudarte a una fábrica de maravillas: ¿por qué vivir en un espacio de palabrería, así llamaba Heidegger a Gerede, la parlanchina? Usa el tiempo que pasas en las redes sociales para curarte, no para enfermarte: agonizas de parloteo.

Sin embargo, para comenzar este proceso de atención social, primero debes realizar una poda sana y robusta.

LA PODA

Es fundamental aprender el *decluttering digital*, que es el arte de ordenar y deshacerte de todo lo superfluo de tu vida en línea, para una sana ecología mental. Como si fueras una especie de jardinero digital, debes deshacerte de todas las malas hierbas virtuales que impiden que florezcas. Si con la ropa y los objetos físicos todo es sencillo, porque su tamaño salta a la vista, es más difícil notar la confusión y el daño que crean tanto los archivos y apps que tienes en tu teléfono como los perfiles que sigues en las redes sociales.

Como escribió Cal Newport, profesor de Ciencias de la Computación en la Universidad de Georgetown (no un amish disgustado por la innovación), se trata de adoptar «una filosofía de uso de la tecnología que implique la elección cuidadosa de un pequeño número de actividades digitales (aplicaciones, sitios, servicios) que estén en consonancia con nuestros valores y la eliminación voluntaria de todo lo demás».

Anota en tu Diario todas las apps que tienes en tu teléfono y explica *por qué* las tienes, y anota tanto las que añadirás a partir de hoy como los perfiles que elijas seguir. Lleva un registro de tu vida digital.

No hay nada más importante, para ti y para los gestores de las redes sociales, que tu atención: elige con cuidado a quién y a qué dedicarla.

Eso sí: no se trata de eliminar todas las formas de diversión diaria reemplazándolas con lecciones de vida en sistemas superiores. Por el contrario, se trata de aprender a experimentar la diversión (es decir, *di-vertere*, salir de los lugares ordinarios) por medio de la elegancia; es decir, eligiendo, seleccionando los primeros frutos de la vida. Las redes sociales no deben convertirse en un lugar de tortura, sino en un espacio de feliz aprendizaje. Se puede lograr, incluso si te parece imposible en este momento. Hay que cuidar el espacio público, y hoy nuestro espacio público es también, y *sobre todo*, digital. Nuestra salud personal depende de la salud de ese espacio.

SOLUCIONES BIOGRÁFICAS A PROBLEMAS SOCIALES

Estamos perpetuamente ansiosos porque buscamos soluciones biográficas a problemas sociales. Nos sentimos culpables por no saber llenar el vacío que sentimos por dentro, pero ese vacío no depende de nosotros y no es solo nuestro: lo compartimos todos. Paradójicamente, es lo último que nos une y nos asemeja. Nos afanamos por cubrir la sensación de extrañamiento, pero las estrategias que desarrollamos para llenar ese vacío, en realidad, ayudan a expandirlo: hacer más, trabajar más, producir más. Nos exigimos todo el tiempo un mejor desempeño y nos tratamos mal si no cumplimos nuestras expectativas y las del mundo. La ansiedad por el rendimiento es el dopaje necesario para participar en las competiciones diarias. Pero el dolor que sentimos no depende de nosotros, es un dolor hijo de nuestro tiempo, es un problema colectivo cuya solución —en consecuencia— solo puede ser colectiva. Es el alma de la humanidad la que necesita cuidados, no la nuestra, que más bien necesita que la dejen en paz. Es mediante la construcción de un nuevo sentido de comunidad que podremos revertir el agujero negro en desarrollo que nos une y, poco a poco, redescubrir el sabor de fluir del tiempo.

En este sentido, las redes sociales también pueden ser un lugar extraordinario donde puedes aprender y compartir de formas nuevas y poderosas. Aquí es donde se hace presente la filosofía.

LA FILOSOFÍA SALVA LA VIDA

Cuando Franco Basaglia condensó su pensamiento en un chiste fulminante, «Visto de cerca nadie es normal», estaba poniendo en práctica años de experiencia en el campo de la psiquiatría y el estudio de Sartre y Foucault.

Desde el principio comprendió la importancia del humanismo, de la libertad radical de todo ser humano que merece ser tratado con respeto en todos los casos. Del segundo tomó la crítica del manicomio como campo de batalla para someter la locura, que anulaba la fuerza salvadora del delirio.

Basaglia supo reconocer el valor de la singularidad, y gracias a él, Italia superó la institución de los manicomios como lugar para encerrar (y torturar) a los locos.

«Tráeme una persona sana y yo la sanaré», escribió Jung al respecto. Vistos de cerca, todos somos anormales, llenos de tics, monstruosidades, miradas, miedos. Aprender a reconocer la maravilla del otro es la clave para descubrirse humano. Y al mismo tiempo, visto de cerca, nada es normal: nada, puesto bajo la mirada del poeta, es banal.

Solo hay que saber mirarlo, tomándose el tiempo adecuado. Necesitamos disponernos al aburrimiento, para *hacer espacio*.

La filosofía salva vidas, literalmente.

EL ARTE DE ABURRIRSE

El aburrimiento es un ingrediente esencial del proceso creativo, es ese momento en el que el tiempo puede expandirse y experimentas el vacío, sin buscar el entretenimiento superficial. Sirve para dar cabida a la atención contemplativa, que es muy diferente al estado de hiperatención en el que vivimos hoy, que nos produce la ilusión de que estamos activos pero que nos vacía y nos mantiene en un estado de fatiga crónica, próximo al *burn-out*. Es eso de lo que todas las redes sociales proponen salvarnos, manteniéndonos en un estado de *entretenimiento* constante que es, sin embargo, como hemos visto, una distracción constante.

Hemos desarrollado una mínima tolerancia al aburrimiento, lo vemos como algo contra lo que hay que luchar, como un freno y, en cambio, es fundamental para nuestro cerebro y para nuestro interior. Siguiendo el paralelismo que hace Byung-Chul Han en *La sociedad del cansancio*, el aburrimiento profundo es la culminación del descanso espiritual, así como el sueño es la culminación del descanso físico.

ABÚRRETE

Abúrrete ahora. Deja el libro o dispositivo electrónico en el que estás leyendo estas palabras y abúrrete. Averigua si puedes aburrirte a la orden o no. Dedica un espacio al aburrimiento todos los días. ¿Estás en la cola de la caja del supermercado? ¿Estás en la taza del inodoro? No saques tu *smartphone* para entretenerte: aburrido. Luego pasa al siguiente párrafo.

LAS PUBLICACIONES SON COMIDA

Estar en las redes sociales es como comer todo lo que puedas todos los días: si sabes orientarte y tener autocontrol, sobrevives muy bien, pero si te dejas guiar por tu estómago terminas muy mal.

Las publicaciones que lees son, en efecto, un alimento que influye, en gran medida, en la existencia.

Y la *junk food*, la comida chatarra, es el producto más popular que existe. Hay muchas cosas buenas en la web: el problema es que para llegar a ellas hay que pasar delante de papas fritas, surimi de anteayer y alimentos no identificados.

Y si tal vez logras ir más allá y evitas detenerte frente a las publicaciones que promueven el racismo y la intolerancia, es probable que no puedas resistirte ante el vaivén de la posverdad.

Has de saber que dañan gravemente tu salud. Comer indignación vulgar hacia tal o cual villano todos los días y prodigar piropos hacia tal o cual buena persona al final te lastima. Están muy de moda porque se desgastan rápido y te llenan en el acto, pero a los cinco minutos vuelves a tener hambre. Es una dieta desequilibrada, que lleva a volverse estúpido a los pocos días y a pensar que el mundo está dividido entre buenos y malos.

Pero el mundo es más grande, mucho más grande que eso.

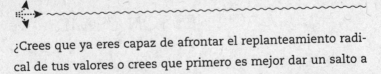

¿Crees que ya eres capaz de afrontar el replanteamiento radical de tus valores o crees que primero es mejor dar un salto a la idea del *cuidado de sí*?

Si no sientes la necesidad de comprender mejor cómo cuidarte, ve al capítulo 7.

Si primero deseas explorar uno de los conceptos más importantes en la historia y la práctica de la filosofía, ve al capítulo 3.

9

UNA CUESTIÓN DE ENFOQUE. EL PODER DE HABLARSE A SÍ MISMO

No es solo el mundo el que habla. Tu vida también habla. A menudo es conversadora, pero apenas la escuchas.

Es que, por lo general, muchas de las cosas que te pasan, si alguien más te las contara bien, te aparecerían con claridad como son: es decir, muy interesantes. Y en cambio miras tu pasado y tu presente como si fueran un solo bloque, granito, una serie de hechos ordinarios, más o menos dolorosos, más o menos significativos, que *simplemente* te han llevado a donde estás.

Mira el libro que tienes entre las manos, digo (o el e-book, es lo mismo). Aquí, míralo. No, digo, míralo de verdad, de vez en cuando aparta la vista de las frases que lees: mira el papel (un Holmen cremoso, agradable al tacto), la tipografía (una Miller Text, elegante y bien legible). Mira el diseño, el tamaño del volumen, los colores de la portada (ilustración de Ana Paula Dávila, diseño tipográfico de Mariana Ugalde *et al.*), siéntelo en tus dedos. Míralo como un todo. Míralo de verdad. Estás en la página 137 y todavía no lo has visto, ¿piensas en ello? Ahora, si estás leyendo en un lector de libros electrónicos, se vuelve un poco más complejo: el papel no está allí, tú eliges la fuente, así como el diseño, etcétera. Pero algo del libro sigue siendo visible además de las palabras que lo componen. Y, de hecho, hasta hace cinco minutos estabas aquí, entre sus páginas y, sin embargo, se te había escapado. Ahora, en cambio, lo ves mejor.

Ya estaba aquí, pero demasiado cerca para ser interesante. En definitiva, como cualquier objeto.

Esta vez lo hiciste con un libro, pero la próxima quizá lo hagas con un perro, con un atardecer, con una obra de arte, con una persona. Y tú podrías estar haciendo lo mismo con tu vida: está ahí, muy cerca, pegada a ti, pero se te escapa. Y se te escapa, en realidad, precisamente porque la estás mirando demasiado de cerca. Es hora de aprender a distanciarse de ella. Se necesita una buena *inspección ocular interna*.

VER POR PRIMERA VEZ

«El talento es una larga paciencia», escribió Flaubert, citando a Chateaubriand, a su ahijado Maupassant. De hecho, el autor de *Madame Bovary* estaba procurando el talento del joven introduciéndolo en el arte de escribir a través de una larga serie de ejercicios.

Uno de los primeros a los que se vio orillado Maupassant fue pararse frente a un árbol e intentar describirlo, con palabras nuevas, en un par de horas. No eran raíces, hojas, troncos. Era un trozo de lo desconocido que cobraba dignidad gracias a la descripción del escritor.

Imagina la escena. Un adolescente con mucho talento y poca paciencia es llevado frente a un árbol por alguien quien, dentro de poco tiempo, le presentará a personajes como

Iván Turgueniev y Émile Zola. Le pide que olvide todo lo que sabe y que realmente se encuentre con el árbol. El joven intenta, se esfuerza, lucha, falla. Entonces aprende. Y, gracias también a este ejercicio, llegará a escribir páginas que quedarán en la historia.

La enseñanza de Flaubert no solo es válida para escribir: esta forma *fenomenológica* de pensar, para citar a Husserl, es fundamental para cualquier profesión que te propongas. Es el enfoque esencial para deshacerse de cosas como esta y abrirse a lo nuevo.

Ahora que lo entiendes, hazlo tú también: elige el que prefieras —un árbol, un bolígrafo, una botella de agua, un cuchillo, este libro— y obsérvalo como si fueras el primer ser humano en verlo. Describe en la página siguiente lo que viste: la botella ya no es una botella. No se utiliza para contener agua potable: ve más allá, imagina, encuéntrala realmente.

Flaubert explicó al respecto: «Tenemos que mirar lo que queremos expresar tanto tiempo y con tanta atención que descubramos un aspecto que nunca ha sido visto ni dicho por nadie. En todo hay algo inexplorado, porque estamos acostumbrados a usar nuestros ojos, solo con el recuerdo de lo que se pensó antes que nosotros, sobre lo que estamos contemplando. Lo más insignificante contiene un poco de lo desconocido. Encontrémoslo. Para describir un fuego llameante y un árbol en un llano, nos quedamos frente a ese fuego y ese árbol hasta que ya no se parezcan, para nosotros, a ningún otro árbol ni a ningún otro fuego. Así es como uno se vuelve original».

Dividamos las instrucciones de Flaubert en bloques:

1) Tenemos que mirar lo que queremos expresar tanto tiempo y con tanta atención que descubramos un aspecto que nunca ha sido visto ni dicho por nadie. Es decir: *préstale atención.*

2) En todo hay algo inexplorado, porque estamos acostumbrados a usar nuestros ojos solo con el recuerdo de lo que se pensó antes sobre lo que estamos contemplando. *Así que ordena, crea espacio.*

3) Incluso la cosa más insignificante contiene un poco de lo desconocido. Encontrémoslo. *Conoce, comprende, maravíllate, asómbrate.*

4) Para describir un fuego llameante y un árbol en un llano, pongámonos frente a ese fuego y ese árbol hasta que ya no se parezcan, para nosotros, a ningún otro árbol y ningún otro fuego. Así es como uno se vuelve original. *Florece.*

EL EFECTO ROTOSCOPIO

¿Alguna vez has visto *Despertando a la vida*? Es una obra maestra de 2001 de Richard Linklater, cuyo título está inspirado en este aforismo de George Santayana: *Despertar a la vida de la vigilia es un sueño controlado.* Se trata de una película asombrosa, que durante décadas ha estimulado horas y horas de debates entre alumnos y alumnas de las facultades de Filosofía. Linklater utilizó la técnica del rotoscopio para su película *Una mirada a la oscuridad* (2006).

En estas maravillas te encuentras ante una fotografía a medio camino entre la de una película y la de un dibujo animado. El rotoscopio es, de hecho, una técnica de animación que redibuja las escenas a partir de una película previamente filmada. El efecto es siempre deslumbrante y onírico: la toma habitual, una vez rediseñada, adquiere connotaciones extrañas e inusuales; los contornos *danzantes* y los colores excéntricos hacen que todo quede más suspendido y que los discursos de las películas creadas con esta técnica parezcan aún más profundos y potentes (el maestro del género es Ralph Bakshi, y si buscas algo más actual, mira la espléndida serie de televisión *Undone* en Prime Video).

Se podría pensar que el rotoscopio es una técnica exclusivamente fílmica. Pero es aplicable a otras artes y la idea funciona en todas partes. También se utilizó una suerte de rotoscopio en la novela de Alejandro Jodorowsky *Cuando Teresa se enojó con Dios*, cuyo título original es *Donde mejor canta un pájaro*, magistral cita de Jean Cocteau («Un pájaro canta mejor en su árbol genealógico»).

En esta obra monumental, que hemos analizado en la serie de podcasts de *Audible Club*, el artista chileno reescribe la historia de su familia desde cero. Toma los hechos concretos, los hechos reales, las vicisitudes que les sucedieron a sus antepasados maternos y paternos entre Rusia y América del Sur y dibuja en ellos fragmentos de aventuras imaginarias. Entonces, la muerte ordinaria de un bailarín se convierte en el espectáculo de danza más increíble de la historia, en el que el cuerpo que baila estalla en fuegos artificiales. Cada característica particular de cada miembro de la familia es ampliada, potenciada hasta los límites de lo grotesco o lo fantástico, para obtener el pleno sentido de esa vida. Es, en retrospectiva, una profunda forma de respeto por las existencias de los antepasados: no es en la objetividad del relato donde Jodorowsky se mostraría fiel sino en la mentira sagrada, en el relato mítico, que está mucho más cerca de la verdad. Como afirma G. I. Gurdjieff, su gran inspirador: «La verdad solo se puede decir en forma de mentira». Porque, prosigue idealmente ese *sacre tricheur* de Jodorowsky, «la realidad es la progresiva transfiguración de los sueños». Y, como «no es posible enseñar el lenguaje del intelecto al inconsciente, es necesario enseñar al intelecto el lenguaje del inconsciente, constituido principalmente por imágenes y acciones que desafían la lógica».

«Hay que elegir: o vivir o escribir», escribió Sartre. Desafortunadamente, agregó, «cuando vives, no pasa nada». ¿Cómo salir?

Aprender a tomar una serie de espacios en la vida para contarlo, para asegurarte de haberlo digerido. El proceso narrativo es fundamental, desde el punto de vista de nuestra supervivencia biológica. El mundo sería incomprensible y el pasado se nos aparecería como una serie inconexa de fragmentos mutantes si no existiera un hilo narrativo que uniera experiencias, interpretaciones y emociones. Tu vida depende de tu habilidad para contar la historia de tu vida. Debes estar dispuesto a emprender, si es necesario, algunos cambios aquí y allá: la edición de narrativas biográficas ha demostrado ser muy útil para tratar, por ejemplo, los trastornos del aprendizaje.

No se trata de mentir, sino de aprender a narrar.

UN FINAL ALTERNATIVO

Para entender realmente el significado del rotoscopio hay que ponerlo en práctica. Elige un evento de tu pasado que, al pensarlo, te emocione mucho. Un evento que, cuando lo recuerdes, te haga sentir una sensación de suspensión. Algo que representó para ti un momento importante para bien o, más a menudo, para mal. Cuando has aprobado el examen de la universidad tras intentarlo cuatro veces, o cuando tu pareja te ha dejado plantado, tras un aluvión de sueños y promesas. O esa vez que tu padre por fin dijo que estaba orgulloso de ti, o cuando el mundo se te vino encima cuando finalmente todo parecía estar bien. Tómate un tiempo para elegir bien; que sea de verdad importante.

¡Y ahora, el rotoscopio! Recurre a él, como hizo Linklater en *Despertando a la vida* y Jodorowsky en *Cuando Teresa se enojó con Dios*: inserta elementos fantásticos, surrealistas, de cuento de hadas y mitológicos de la historia. Escribe todo en tu Diario y no tengas prisa: ten en cuenta que te llevará un tiempo hacer bien el ejercicio.

Transforma, por ejemplo, el escenario en el que te encontrabas: la sala de conciertos donde diste aquel sensacional recital de piano a los once años podría convertirse en la Arena de Verona o en la concurrida plaza de una ciudad submarina en Sirio B. Inserta personajes o animales imaginarios, dioses, naves espaciales, dinosaurios, una sociedad justa, tú eliges.

Y, si no te gustó el final de la historia real, cámbialo: agrega un trozo a ese camino bloqueado, menciona las palabras que no salieron esa vez, une los fragmentos.

NDREA COLAMEDICI | MAURA GANCITANO

Hemos llevado a muchos talleres este ejercicio de *rotoscopia existencial*, incluso en empresas, y siempre es una maravilla, si el escritor acepta el reto. Al contar tu historia de una manera fantástica, puedes recuperar una energía que creías haber perdido.

CONSIDERACIONES

Si ciertos hechos están demasiado cerca o demasiado lejos, no puedes recibir todas las enseñanzas que tienen reservadas para ti. Es una *cuestión de enfoque*.

Ese viejo zorro de Carl Gustav Jung lo había escrito muy claro en *Visiones*, hablando de astrología: «Es como si el alma humana estuviera compuesta de cualidades provenientes de las estrellas; parece que las estrellas tienen cualidades que encajan bien en nuestra psicología. Esto sucede debido a que, originalmente, la astrología era una proyección sobre las estrellas de la psicología del inconsciente humano. [...] Pareciera que lo que poseemos, como el conocimiento más íntimo y secreto de nosotros mismos, está escrito en los cielos. Para conocer mi carácter más individual y más verdadero tengo que buscar en los cielos, no puedo verlo directamente en mí mismo».

En efecto, este no es el lugar para discutir la sensatez de la astrología o su falta de cientificidad (después de todo, somos Capricornio y Sagitario con ascendente en Saturno, ¿qué te podemos decir?). Más bien conviene entender bien lo que Jung quiso decir con esas palabras.

Ahora, no hagas trampa: ¿cómo se llama este apartado? No, no vayas a mirar: ¿te acuerdas?

144

Quizás sí, probablemente no. Se llama *Consideraciones*. Y lo que probablemente hiciste —olvidarlo— es algo tan común como dañino. En ocasiones, hemos detenido una disertación o conferencia después de recoger una serie de preguntas del público, preguntando: *¿Qué dijo la primera persona que habló?*

Por lo general, nadie lo recuerda. En esas situaciones nos interesa escuchar lo que viene del púlpito y, por lo general, nos desinteresamos de todo lo que viene del público. Si habla el que está para hablar, le escuchan. Si habla quien está para escuchar, resoplidos. Cualquier intervención es una tediosa pérdida de tiempo. Literalmente, no la escuchas. Y es una verdadera pena, porque es desde los márgenes que se descubren las historias. Es desde las posiciones laterales que se reciben visiones y comprensiones inesperadas e iluminadoras. Y es escuchando con atención, no solo al maestro en turno, que se aprenden las mejores lecciones.

En todo caso, dijimos: *Consideraciones*. Es una palabra bonita, presta atención a ella. Deriva del latín *con-siderare*, literalmente quedarse con las estrellas, es decir, observar las estrellas para obtener auspicios e indicaciones. Esto implica dos cosas: que las estrellas indican un camino y que esa indicación se puede leer y poner en práctica.

Si no consideras lo suficiente, sucede algo malo: te congelas. La etimología de congelación lo demuestra con claridad: te golpea la *influencia maligna de un astro*, como suele decirse. Visto de cerca, surge de aquella idea simple por la cual las estrellas envían buena y mala suerte, y la congelación es literalmente el alejamiento de las indicaciones de las estrellas. Si has arrojado tu inconsciente entre las estrellas, como escribió Jung, y al mirarlas no has sido capaz de reconocer los indicios, quedarás bloqueado, inmóvil, tal como les sucede a quienes mueren congelados.

Si sabes considerar, por el contrario, sabes actuar.

Y hay otra palabra que tienen las estrellas dentro de sí: desear. *Los desiderantes* eran los soldados que, al final de la batalla, se posicionaban bajo las estrellas esperando a los camaradas que aún no habían regresado (así lo cuenta Julio César en *La guerra de las Galias*). Desear, por lo tanto, tiene que ver con esperar bajo las estrellas, una espera que arde en esperanza.

Fin del paréntesis etimológico.

Pero nunca dejes de poner atención en las palabras. Cada vez que te encuentres con una palabra bella, intenta pronunciarla, mantenerla suspendida. Y llévala contigo durante el día. Practica hacerla brillar. Piensa en Emily Dickinson cuando escribió: «No conozco nada en el mundo que tenga tanto poder como la palabra. A veces escribo una, y la miro, hasta que empieza a brillar». ¿Te ha pasado alguna vez que las palabras de uso común se abrieron para ti en toda su grandeza? Y este asombro no deriva de ningún significado, ni de una etimología fascinante detrás de él: más bien, se trata de ver las palabras, finalmente, suspendidas por sí mismas, en su plena majestuosidad. Cada palabra tiene (o más bien es) un pequeño agujero desde el que se vislumbra el abismo, festivo y creativo, del nacimiento inagotable del lenguaje.

¿PARA QUÉ SIRVEN LAS PALABRAS?

¿Para qué sirven las palabras? Para hablar, dirás. Claro, pero, en su mayoría, son herramientas mágicas que podemos usar para experimentar alegría y manejar el dolor. El hecho de que las usemos para hablar es secundario. A través de las palabras —a través de los nombres que les damos a las cosas, a las emociones, a las acciones— reducimos esa distancia, de otro modo infranqueable, que existe entre nosotros, seres dotados de razón, y lo que nos rodea. Distancia que hemos creado al ponernos a pensar. Porque la razón, ese magnífico instrumento que tanto te hace comprender, es también un medio que nos separa y nos hace sentir diferentes del mundo, distintos de la naturaleza. Razonar es un movimiento hacia el exterior, porque solo saliendo del mundo es posible medirlo.

El problema es que salir de él te hace sentir mal, porque pierdes el placer natural de ser uno con el mundo. Y es aquí donde las palabras acuden al rescate, como anticuerpos de la razón contra sí misma. «Palabra» proviene del latín *parábola*, que, a su vez, deriva del griego *paraballo*, dejar de lado. Saber usar las palabras significa poder comparar cosas, hacer comparaciones. Por tanto, es una manera de acercar las cosas: cada palabra es una parábola porque cuenta una historia que sirve para unir y acercar.

Aquí también estamos frente a una cuestión de equilibrio dinámico: ni demasiado cerca ni demasiado lejos. Al fin y al cabo, las palabras son *icebergs* de los que solo vemos la punta —el significado— pero que debajo tienen una enorme historia hecha de evoluciones y acontecimientos de vida. La etimología, en su más profunda manifestación, no se limita a contar el origen de la palabra, sino que indaga en sus cambios, valores y, sobre todo, la voluntad; *como si* entendiéramos cuán vivas están las palabras —al igual que los libros— y que crecen, mueren, que a veces renacen y, en cualquier caso, siempre apuntan en una dirección.

Elige una palabra y dedícale tiempo. Levántala. Se iluminará hasta que brille y, lentamente, te encenderá a ti también. Aparte de pesas, la verdadera disciplina olímpica debería ser levantamiento de palabras.

Practica. Te ofrecemos algunas sugerencias:

- Chuleta
- Prosopopeya
- Celíaco
- Vainilla
- Suntuoso
- Azul

¡Feliz levantamiento!

¿Tienes prisa? Ve al capítulo 12.
De lo contrario, ve al capítulo 7.

10

EL DESAFÍO
DE LA IMAGINACIÓN.
FUERZA Y FRAGILIDAD

Hay expresiones que entran en el lenguaje común y que comienzas a usar sin preguntarte cuál es su verdadero propósito y cuánto, en consecuencia, te influyen. Una de las más difundidas y omnipresentes está tatuada, por ejemplo, en el dorso de la mano izquierda de Gianluca Vacchi, justo debajo de la palabra *Enjoy* e inmediatamente arriba de *Take your life in hand*. Es la palabra *resiliencia*, considerada por la mayoría como la panacea para todos los males y la salida perfecta de nuestros tiempos oscuros, complejos y agotadores.

Es necesario tomar posesión de la propia existencia, no dejarse abrumar por los acontecimientos, para poder afrontar cualquier situación desagradable. Reaccionar siempre de la mejor manera posible ante los desafíos y traumas de la vida. Sin embargo, en una inspección más cercana, el concepto de resiliencia, tal como se aplica generalmente, es la negación perfecta de este consejo.

Se trata, de hecho, de un término tomado originalmente de la ingeniería, que ha cruzado la biología, la informática, la ecología, la psicología, y que en los últimos años ha acabado describiendo la capacidad de resistir a los golpes, de volver a sí mismos tras sufrir un trauma o una deformación. Al igual que los metales que se manipulan, pero luego vuelven a ser como eran antes, tú también debes hacerlo. Como los *Sbullonati*, esos juguetes de los años noventa a los que con sadismo les infligían terribles pruebas de choque, pero siempre recobraban su forma original (más o menos), así que tú también tienes que volver a ponerte de pie después de cada nocaut.

La idea enfermiza del concepto de resiliencia en esta aplicación, es decir, en la interpretación más extendida del término es la de tener que regresar a toda costa y con la máxima prisa posible a una situación de bienestar. Adoptar esta idea sin un espíritu crítico corre el riesgo de hacernos absorber otros casos: el rechazo del dolor, la fatiga, la falta de voluntad de experimentar la *noche oscura* y el esfuerzo e incapacidad para aprender de las dificultades. El impulso de no permitirse nunca un espacio de penumbra y oscuridad: ser resiliente te obliga a quedarte firme en el escenario perpetuo de la existencia, sin permitirte el lujo de ser distante, ineficiente, imperfecto, roto. Porque el dolor no necesariamente se convierte en un regalo para ser transformado.

A veces el dolor debe seguir siendo dolor, también y sobre todo porque duele. No debemos mostrarnos más fuertes que las circunstancias, adaptables a todo, ni traducir un concepto del mundo físico a un ideal moral hacia el cual precipitarse.

Ser resiliente muchas veces representa el deseo de que todo regrese a un mundo sin problemas, y no ofrece acciones concretas a tomar para cambiar las cosas en el presente. Puedes estar pensando: *¡soy resiliente, pero ese no es mi enfoque de la vida en absoluto, no quiero un mundo sin problemas!*

Ahora prosigamos a lo largo de este capítulo, ya que puedes descubrir términos nuevos —y sin lugares comunes— para describir tu actitud.

ROBARSE UN POCO DE ALEGRÍA

Ante un mundo incomprensible, lo único que la mayoría es capaz de hacer es protegerse a sí mismo y a su identidad, esforzándose exclusivamente en recomponerse tras la inevitable tormenta diaria.

Como explica Boris Yellnikoff, el protagonista de *Si la cosa funciona*, película de Woody Allen: «mientras funcione, róbale un poco de alegría a este mundo en el que solo triunfan el caos y el abuso del hombre sobre el hombre».

Si la vida no tiene sentido, da lo mismo que luchemos contra lo que nos rodea y tratemos de escapar sin complicaciones innecesarias. El problema es que esta actitud priva a la vida de toda maravilla, la vacía de todo significado profundo y conduce, al final, a volverse funcional frente al mundo, así puedes masticar y descargar lo que eres sin riesgo ni remordimiento: eres tan resiliente, que sabes sacarle el máximo partido a todo. Nada te conmueve de verdad.

Y así, a fuerza de asumir los golpes de la vida, a fuerza de fingir una actitud estoica sin ser, en realidad, un estoico; como resiliente te vuelves impotente. Eres cada vez mejor para levantarte después de la caída. Sin embargo, es bueno también mirar al suelo.

La resiliencia individual (muy diferente de la resiliencia de las comunidades y poblaciones, a la que se han dedicado estudios antropológicos muy interesantes) suele ser la actitud natural de quienes viven en la resignación y la angustia crónica y temen perder el control de las cosas y construir un nuevo sentido de la vida.

Como explican Evans y Reid en *Resilient Life. The Art of Living Dangerously* [Vida resiliente: el arte de vivir peligrosamente]: «la resiliencia es parte del cambio político fundamental del régimen liberal al neoliberal; un nuevo fascismo con implicaciones desastrosas y antihumanistas».

MEJORAR LA RESISTENCIA

Si realmente quieres usar un término tomado de la ingeniería, empieza por retomar el concepto de resistencia, es decir, la capacidad de los cuerpos para oponerse al paso de una corriente. Los que resisten no se limitan a esperar a que pase la tensión, no fingen que no pasa nada, resisten activamente.

Un cuerpo resiliente es un cuerpo pasivo, mientras que un cuerpo resistente es un cuerpo vivo, que sufre heridas y transformaciones por una fuerza hostil y nunca finge que no pasa nada. Siente dolor e incomodidad y, sin embargo, sigue resistiendo. Resistir significa experimentar, arriesgarse a ser herido y desaparecer para oponerse a la destrucción general. En el escenario actual, más que un frente popular resiliente dispuesto a absorber el golpe de la ignorancia, del racismo, de la supresión paulatina de derechos, sería crucial el surgimiento de una nueva resistencia capaz de poner límites éticos, sociales y políticos infranqueables.

EL NIHILISMO ACTIVO

La resistencia es el punto de partida de lo que Nietzsche llamó *nihilismo activo*. Tu resistencia podría quebrarse y no cambiar nada, pero resistes de todos modos, no aceptas la destrucción total, y en ese afán de resistir no está solo tu interés personal, está la adhesión a una nueva ética y a un sistema de valores compartidos que va más allá de ti.

Al igual que los pasivos, los *nihilistas activos* también son conscientes de la ausencia de sentido de la vida, pero, a diferencia de los primeros, no se limitan a dejarse llevar y aceptan la vida en su complejidad y caos, dispuestos a convertirse en *otros* distintos de lo que son ahora sin renunciar nunca a medirse con el mundo. La palabra resistencia proviene del latín *re-sistere*, literalmente firme, fuerte, estable sin perder la posición adquirida. Porque ningún derecho está dado para siempre y debemos estar constantemente atentos para que estos sean respetados y protegidos.

Ser resistente significa nunca ser dócil, nunca dejar de enfurecerse, *enfurecerse contra la muerte de la luz*, en palabras de Dylan Thomas.

RESISTIR, ARRIESGARSE, SER ANTIFRÁGIL

El filósofo Nassim Nicholas Taleb ha propuesto otro término —antifrágil— para indicar aquello que no es elástico ni resistente, pero que se beneficia de los golpes, que prospera y crece cuando se expone a la aventura, al riesgo y a la incertidumbre. El antifrágil mejora frente a las dificultades, no vuelve simplemente a su forma anterior. La antifragilidad implica medirse con lo desconocido, enfrentarse a la incertidumbre, ir más allá.

Un resiliente puede aislarse y pensar en su puro bienestar personal, mientras que un resistente siempre buscará una dimensión colectiva. El pensamiento común nos hace pensar que esto es debilidad cuando en realidad es fuerza. Como cantaba De André en *Nella mia ora di libertà*, un solo resiliente puede como máximo renunciar a una hora de aire sin cambiar las cosas, mientras que si un grupo de resistentes se une, pueden encarcelar de manera simbólica a los guardias.

Así que dejemos el *Sbullonati* a la gente sin imaginación, y para reconocernos resistentes, recuperemos la maravilla de los Legos: pueden transformarse continuamente, convertirse en un castillo, un león, un barco; aman el desafío de la imaginación y que solo pueden transformarse en algo increíble cuando se construyen juntos.

LIBÉRATE DE LA LIBERTAD

Nos sentimos más libres que nunca. Sin embargo, algo no cuadra: todo está al alcance de la mano pero no sabemos qué hacer con ello. Como escribió Sartre en *El ser y la nada*, la libertad es negativa porque *no somos libres de no ser libres*. Nos vemos obligados, hoy más que nunca, a enfrentar el incorregible desorden del mundo, y hacerlo nos produce *angustia*. La libertad es la angustia que enfrenta el ser humano, la comprensión de que mirar el mundo verdaderamente siempre significa encontrarse obligado a la libertad.

Para Sartre, la libertad consistía en realizar un proyecto desde cero y en renovarlo de forma continua. Ese proyecto es exactamente *uno mismo*, y la única condición para realizarlo es perderse *fuera* de uno mismo, cerca del mundo.

En otras palabras, se trata de aprender a existir: desde *ex-sistere*, para decirlo con Heidegger, estar afuera, emerger de uno mismo. Porque existir significa no ser *una persistencia*, un estancamiento, una fijeza, sino movimiento constante más allá de la persistencia, hacia posibilidades y novedades, preparándose para el cambio. De hecho, el filósofo alemán escribió que en el ser hay una posibilidad: la de ser libre para ser verdaderamente uno mismo.

El individualismo contemporáneo se revela como el arte de vivir con la triste condición derivada del surgimiento de la conciencia: aquella en la que nos encontramos infelices, porque libera, pero en este camino estamos obligados a observarnos a nosotros mismos, a convertirnos en espectadores del gran espectáculo de la existencia. Reproducir la naturaleza previa, la de un estado de felicidad, nos parece ya *antinatural*. La máxima a la que aspirar parece ser la actuación consciente, tener una buena actuación. Problematizamos cosas que antes no eran problema, inmersos en una meta-vida que siempre añade una dimensión más, casi siempre superflua, a las cosas. La mayor parte del tiempo, la atención extra que ponemos en el mundo nos aleja de este, y después de un segundo, los destellos de felicidad se convierten en ríos de nostalgia.

A veces, sin embargo, sucede que esa suma de conciencia es capaz de *abrir los sujetos y objetos* sobre los que se posa nuestra mirada, y esos raros casos de revelación justifican los dolorosos fracasos que conlleva el estar, a la vez, vivo y consciente. Somos libres y, de hecho, estamos obligados a alejarnos para enfocarnos en los puntos a cumplir, como si fuéramos un barco que, para atracar, debe alejarse de la orilla en un intento interminable de entender si hay un puerto.

¡RECUERDA QUE TIENES QUE MORIR! (AHORA LO FIRMARÉ)

La resiliencia nos lleva a olvidar un hecho evidente: que, de todos modos, uno muere. Y que muchas otras cosas en la vida no están en tu poder.

El ejercicio fundamental para los estoicos era justo la visualización negativa o *praemeditatio malorum*. Esta práctica consistía en aprender a habitar las peores posibilidades, el *peor escenario*, a través de la imaginación.

Practica vivir como si: como si en este momento estuvieras perdiendo ese puesto de trabajo que finalmente has obtenido después de tantos años; como si esa actividad en la que pones toda tu energía estuviera fallando. Como si el mundo se derrumbara bajo tus pies.

No eran masoquistas, ojo: estaban enraizados en el presente y hacían un ejercicio de emergencia de la naturaleza humana, que según ellos se manifestaba sobre todo en la adversidad. Producir mentalmente un escenario lleno de dificultades y enfrentarlo significa crear un gimnasio para el alma, donde se pueda fortalecer la autocomprensión. Así, cuando el mal se presente, tú estarás listo.

Como recuerda Marco Aurelio en sus *Meditaciones*: «podría obstaculizarse alguna de mis actividades, pero gracias a mi instinto y a mi disposición no son obstáculos, debido a mi capacidad de selección y de adaptación a las circunstancias. Porque la inteligencia derriba y desplaza todo lo que obstaculiza su actividad encaminada al objetivo propuesto, y se convierte en acción lo que retenía esta acción, y en camino lo que obstaculizaba este camino».

No hay nada en el camino que no sea transitable. La invitación de los estoicos es a no ser resilientes en el sentido en que se entiende hoy: no nos impulsan a aprovechar los sobresaltos para volver a las condiciones originales *de fábrica* y seguir consumiendo. Por el contrario, te invitan a habitar la idea del dolor, el cansancio, la muerte, pudiendo así prepararte para las desgracias y sobre todo vivir con intensidad. «Cuando llega la desgracia, nunca se debe poder decir "no lo preví"; deberías haberlo previsto realmente, para que no te hubiera sorprendido», escribe Séneca.

Porque así como eres un ser vivo, también eres un ser moribundo. Continúas irremediablemente naciendo y muriendo. Ambos procesos continuarán hasta el día de tu muerte, la cual es inevitable. Ninguna resiliencia puede impedir que abandones la vida.

Marco Aurelio de nuevo en sus *Meditaciones*: «En la convicción de que puedes salir ya de la vida, haz, di y piensa todas y cada una de las cosas en consonancia con esta idea». Es decir, que la comprensión de la fugacidad de la existencia no sea una herramienta para disipar cualquier suerte porque todo pasa, sino que se convierta en un recordatorio constante para vivir plenamente cada momento. «Dale los toques finales a tu vida todos los días y nunca te faltará tiempo», aconsejó Séneca.

El *memento mori* (*melete thanatou*) fue la cúspide de la *praemeditatio malorum* del estoicismo, cuyas raíces llegan hasta los pitagóricos. *Memento mori: Recuerda que morirás.*

La expresión *memento mori* nació con la costumbre de los generales de la antigua Roma de desfilar por las calles de la capital tras una victoria en la guerra. Mientras pasaba entre las dos alas de la multitud que vitoreaba, detrás del general, un compañero le dijo al oído la frase: «*Respice post te. Hominem te memento*» (Mira detrás de ti. Recuerda que eres un hombre).

Eres un ser humano, destinado a morir. Vive intensamente, sí, pero no le des demasiada importancia a los honores, a los aplausos, a las victorias. Lo que importa es hacer brillar la existencia, es estar en consonancia con tu vocación, es ser consciente.

Así es como se hace.

EL ÚLTIMO DÍA DE TU VIDA

Elige la hora de la muerte mañana por la noche. Por ejemplo, el lunes a las 22:15 morirás. ¿Hecho? Bien. Toma, empieza a creerlo. Comienza a estructurar el día de mañana como si fuera el último. A ver, seamos claros: en realidad no tienes que morir, evitemos malentendidos. Al menos tienes que terminar el libro primero, todavía tenemos varias cosas que explicarte y sería una pena despedirnos antes.

Pero mañana tendrás que vivir, actuar, pensar, como si realmente tuvieras unas horas de vida por delante. Pon una alarma cada tres horas en tu celular para que te lo recuerde (escríbelo claramente: *hoy me muero*).

Estas palabras son buenas: *Vive cada momento de tu vida como si fuera el último, porque quizás nunca más despiertes, recuerda que morirás,* son frases que has leído y tomado, y tal vez te hagan sonreír un poco y hacerte decir, como Troisi, «Sí, sí, ahora lo firmo».

Anota esto realmente. Escríbelo en algún lugar y decide vivir el tiempo que te separa de tu muerte con la mayor atención posible. Como sugirió con claridad Marco Aurelio: «si ejecutas cada acción como si se tratara de la última de tu vida, desprovista de toda irreflexión, de toda aversión apasionada que te alejara del dominio de la razón, de toda hipocresía, egoísmo y despecho en lo relacionado con el destino. Estás viendo cómo son pocos los principios que hay que dominar para vivir una vida de curso favorable y de respeto a los dioses. Porque los dioses nada más reclamarán a quien observa estos preceptos».

Este es el significado del *memento mori*, del recuerdo de la muerte: no una manera de tomarse menos en serio a uno mismo, porque la gente muere, sino una herramienta fenomenal para dignificar la propia existencia, superando los delirios del protagonismo y la vanidad. Para «constituirse en sujeto de la acción verdadera y del conocimiento correcto», escribió Michel Foucault en *La hermenéutica del sujeto*.

Hasta aquí todo debe quedar claro: mañana será tu último día en la Tierra, y tendrás que recordarlo en cada acción que realices. Tendrás que honrar cada momento.

Ahora, sin embargo, compliquemos un poco las cosas. En la duodécima carta a Lucilio, después de citar a Heráclito («un solo día es igual a todos los días»), Séneca escribió: «Por tal razón así ha de ordenarse cada día: concluyendo la marcha, consumando y colmando la vida».

Además de ser el último día de tu vida, mañana también será *el día de tu vida*. Tendrás que «organizar y poner a prueba tu día como si cada momento fuera parte del gran día de tu vida, y el último momento del día es también el último de tu existencia».

Cada hora del día tendrás que vivirlo como una fase de tu vida, y la última hora del día será así, claro, la última hora de tu vida.

Organiza tu día de mañana en este doble nivel de organización existencial: una versión comprimida de tu vida y el último día de tu vida.

Es un juego con reglas difíciles, pero estos esfuerzos son esenciales para sacar a la luz aspectos de nuestra existencia que de otro modo permanecerían ocultos en nuestras rutinas.

¡Feliz muerte!

Hace casi dos siglos, en una hoja de hierba, Walt Whitman escribió que somos vastos, que contenemos multitudes. Y tú, ¿tienes el coraje de confrontar estas multitudes?

Si lo tienes, continúa en el capítulo 5.

De lo contrario, ve al capítulo 12.

11

DE OBSTÁCULOS Y TRAMPOLINES.
CÓMO REALIZAR TUS DESEOS

La mayoría de los deseos que tenemos no son en realidad nuestros. Representan una interferencia externa, algo que se nos dice que de verdad debemos desear, y esto hace que a lo largo de la vida dediquemos pensamientos, tiempo y energías a implementar proyectos que, de hecho, ni nos pertenecen. Es como si desde pequeños nos pusieran en un camino que debe ir derecho, y que va en una dirección que no es la nuestra.

¿Cómo entender entonces si esos deseos nos conciernen y si los deseos que tenemos están listos para convertirse en proyectos a realizar? ¿Cuál es el papel de los proyectos dentro de nuestro proceso de florecimiento?

Es importante considerar tus proyectos como pretextos para poner en práctica un entendimiento que de ninguna manera determina el sentido último de lo que estás haciendo, y del cual nunca debe provenir el juicio final sobre ti. Un proyecto fallido no indica que hayas fallado como persona; no está ligado a tu valor, es solo un juego, una forma de ganar experiencia, algo que te involucra, pero con lo que no te identificas.

DESEOS Y EMOCIONES

Los deseos son flechas que nos indican la dirección, y se reconocen por el hecho de que nos excitan. Los deseos deben causarnos emoción, en primer lugar; sin sentido del deber, sin sentido de culpa, sin frustración, sin la idea de que cuando los hayamos logrado finalmente seremos felices.

Las emociones son un verdadero milagro, que viaja en nuestro cuerpo por caminos conocidos y desconocidos. Como lo narró Sam Kean en *El cuento del duelo de los neurocirujanos*: «Las emociones, aunque procesadas dentro del sistema límbico, a menudo, se desbordan en otras regiones del cerebro, de formas sofisticadas y sorprendentes. Algunas personas ciegas con daños en la corteza visual, por lo tanto, desprovistas de cualquier sensación visual consciente del entorno que les rodea, aún pueden leer las emociones en los rostros de las personas. Esto sucede porque el nervio óptico, además de transmitir datos al cerebro superior, también los canaliza al sistema límbico a través de vías secundarias y subliminales. En los casos en que el camino consciente se interrumpe pero el límbico, inconsciente, sigue intacto, los ciegos responden a estímulos como la sonrisa, el ceño fruncido o el temblor de los labios, sin saber por qué. También consiguen contagiarse de los bostezos de los que tienen delante».

La emoción es el combustible que nos mueve, el deseo es la flecha que nos indica la dirección, los talentos son las herramientas que tenemos para llegar allí, la vocación es el sentimiento que tenemos mientras vamos avanzando, la templanza es el sentido de equilibrio, responsabilidad y autogobierno que sentimos en el camino. ¿Y qué sucede cuando todo esto ocurre junto? Que nos sentimos afortunados, es decir, percibimos poder personal.

La suerte es también la capacidad del cuerpo para experimentar físicamente la conciencia. Es cierto, es difícil que eso suceda, pero no es una coyuntura astral que se da afuera, sino aquello que cultivas dentro de ti. No tiene sentido sentirse culpable si esto no sucede, lo importante es asegurarse de volver a estar en equilibrio. Nos detenemos si se acaba el combustible, si la dirección no está clara, si no estamos seguros de si vamos por el camino correcto. Al fin y al cabo, todo camino es un laberinto, nunca termina, por lo que forzar las cosas y seguir adelante —aun cuando percibamos que no es lo correcto— es ir en contra de nosotros mismos.

LA DIAIRESIS

¿Puedes explicar a qué te refieres con *poder*? Trata de pensar en ello.

Escribe tu propia definición en tu cuaderno. Encontrarás que uno de los poderes del poder es el hecho de que es tan difícil definirlo, decir qué es exactamente.

Y ahora escribe en tu cuaderno todas tus preocupaciones, tus dolencias, desde la primera hasta la última. Toma tu tiempo. Luego, en la página siguiente, dibuja una línea vertical en el centro. En la columna de la izquierda anota los problemas cuya solución está en tu poder, y en la columna de la derecha copia los problemas cuya solución no depende de ti. Asegúrate de anotar tantos como sea posible y calcula con cuidado el lugar correcto para cada problema. Este ejercicio, que te aconsejamos repetir a menudo, te permite practicar lo que Epicteto llamaba *diairesis*, literalmente división, separación.

Es el secreto de la felicidad: la facultad que te permite comprender dónde poner las manos en tu vida y dónde, en cambio, no puedes, simplemente porque no depende de ti. Si entiendes qué es lo que puedes cambiar, te enfocas en eso y no desperdicias tu energía. No pierdes el tiempo cambiando la opinión que los demás tienen de ti, sino que te enfocas en tus tareas y propósitos, y así dejas de odiar y de odiarte.

Lo que te trastorna, explica Epicteto, no son las cosas que te suceden, sino los juicios que formulas sobre esos hechos, que muchas veces te llevan a culpar a otros de tus desgracias: esto es lo que sucede cuando la *diairesis* no se aplica correctamente.

Pero ten cuidado de no detenerte en el siguiente paso: acusarte a ti mismo. No hay nadie a quien culpar: solo es cuestión de entender qué está en tu poder y qué no. Lo que se necesita y lo que no se necesita. «No te acuses ni a ti ni a los demás, esto es una educación completa en diairesis». Esta es una educación filosófica que conduce a la libertad y la felicidad, bien condensada en las primeras líneas de la *Oración de la serenidad* de Reinhold Niebuhr (que quizás hayas escuchado en los Doce pasos de los Alcohólicos Anónimos o en la serie *En la oscuridad*, una obra maestra):

Señor:
concédeme la serenidad para aceptar las cosas
que no puedo cambiar,
el coraje para cambiar las cosas que puedo,
y la sabiduría para reconocer la diferencia.

YO DESEO

Somos máquinas deseantes, diría Gilles Deleuze, pero, a menudo nos cuesta distinguir los deseos genuinos de los inducidos. Sufrimos un bombardeo constante a través de la publicidad, las redes sociales, sentimos que tenemos muchos caminos por delante y no logramos entender cuál es el correcto. No todos los deseos pueden convertirse en *proyectos*, es decir, hacerse realidad con nuestro esfuerzo y trabajo de planificación. Hay deseos que se hacen realidad gracias a una elección externa, por lo que no nos corresponde hacer algo, o que aún no están maduros para convertirse en proyectos. Nos encantaría hacerlos, pero sentimos que aún no es su momento.

Si hasta ahora hemos hablado de vocación, valores, ética y justa medida, ahora te acompañaremos a descubrir un ejercicio —el WOOP— que puede serte muy útil para entender qué es lo que realmente quieres y qué obstáculos te puedes encontrar una vez que te decidas cumplir tu deseo.

Se trata de un ejercicio desarrollado por la psicóloga alemana Gabriele Oettingen, quien hace treinta años, al empezar a trabajar en la Universidad de Nueva York, se dio cuenta de lo arraigada que estaba la idea de que si pensamos en positivo ante un examen que hay que aprobar, una cirugía para afrontar o cualquier otro objetivo a alcanzar, todo saldría bien.

Esta idea no la convenció, por lo que decidió dedicarse al estudio de la ciencia de la motivación, y llegó a la conclusión de que los obstáculos que creemos que nos impiden alcanzar nuestros mayores deseos, en realidad pueden acelerar su realización. Lo que generalmente hacemos, por el contrario, es no detenernos en los obstáculos, porque nos bajarían la moral. Ese *optimismo* que nos empuja a centrarnos solo en lo que queremos conseguir, a imaginar un futuro idílico, a vernos por fin perfectos, constituye, en realidad, un gran freno a la planificación, porque nos impide tener una mirada objetiva de las cosas.

La realidad es compleja, pueden pasar infinitas cosas en el camino que nos lleva a la consecución de un deseo, y es difícil gestionar todas las variables a nivel emocional y práctico. Hay quien ni siquiera empieza, porque los obstáculos parecen insalvables, quien quiere tenerlo todo bajo control; se pierden las emociones y la maravilla de su vocación, y están los que creen que el pensamiento positivo lo soluciona todo. ¿Qué hacer entonces? Buscar la medida justa —la templanza, una vez más— y aprender a mirar los obstáculos como peldaños, no como muros infranqueables.

El método woop no puede ayudarte a predecir todo lo que sucederá durante la realización de tu deseo, pero puede ayudarte a ver algunos posibles obstáculos —internos y externos— que ya conoces, que se repiten en tu vida, que puedes entender ahora cómo superarlos, incluso antes de comenzar tu proyecto.

Si te limitas a fantasear con tu futuro —como quien no quiere ver obstáculos— la probabilidad de realizar tus sueños y deseos es muy baja. Nos enfocamos en la vida contemplativa y nunca actuamos. Como demostró Oettingen, esto sucede porque ese pensamiento desencadena algo a nivel fisiológico: se liberan endorfinas y ya te sientes un poco allí, como si el deseo ya se hubiera logrado. Esas endorfinas, sin embargo, deben usarse para actuar. La vida contemplativa es fundamental para hacerse cargo, para entenderse, para entender qué parte de uno mismo quiere emerger, pero hay un momento en el que hay que pasar a la vida activa. La templanza tiene que ver con esto, con la capacidad de crear un puente entre las dos. Agotar las energías deseantes de forma contemplativa es muy agradable y reconfortante, pero nos debilita.

Entonces, ¿tienes que pensar en negativo? es la clásica pregunta que sigue a este discurso. Y la respuesta es *¡Para nada!* Una vez más, necesitamos encontrar el ajuste adecuado y hacer que nuestra mente mire al mismo tiempo desde diferentes perspectivas. Oettingen lo llamó el método del contraste mental, porque el objetivo es unir los sueños, la imaginación del futuro, los obstáculos y el plan para superarlos, tratando de seleccionar lo menos posible. En particular, poner sueños junto a obstáculos, creando un contraste entre los dos aspectos que luchamos por unir realmente.

Sin darnos cuenta, de hecho, nuestra mente selecciona solo una parte de lo que sucede y que podemos observar, en especial cuando se enfrenta a algo complicado. Es imposible para nosotros ver cómo son las cosas en verdad, sobre todo cuando estamos involucrados emocionalmente, pero es posible tratar de verlas de una manera un poco más objetiva.

La selección se produce de forma natural, pero también porque, cuando admitimos que tenemos un deseo que representa el cambio, al mismo tiempo tenemos miedo de estancarnos y perder la motivación. Por lo tanto, la mejor manera de fortalecerse es pensar que todo saldrá bien, pero esto solo nos lleva a quedarnos desprevenidos frente los obstáculos.

EL SENTIDO COMÚN NO ES TAN OBVIO

Cuando explicamos este ejercicio —en talleres de empresas, escuelas, asociaciones y festivales— la primera reacción es que les parece *obvio*. Parece exactamente lo que cada uno de nosotros hace cuando tiene que lograr algo, pero, en realidad, te darás cuenta de que no es así. En tu cabeza piensas y piensas en lo que podría pasar, rumias, te asustas o piensas que todo estará bien, pero no trasladas tus pensamientos al papel, y eso hace toda la diferencia del mundo.

Para hacer el WOOP te sugerimos también, en este caso, utilizar tu Diario, o en todo caso papel y bolígrafo. Incluso escribir en papel libera una serie de reflejos que un archivo en la computadora o una tabla de Excel no podrían contener. Es un ejercicio que, generalmente, dura menos de tres cuartos de hora, y debe hacerse con mucha concentración.

Los estudios de Oettingen se centraron particularmente en personas que querían dejar de fumar, perder peso, elevar su promedio de calificaciones universitarias, hacer rehabilitación después de una cirugía. Con el WOOP puedes verificar y planificar un deseo a corto o largo plazo, algo importante o una cuestión práctica a resolver. Puedes pasar de *Me gustaría cambiar los muebles de la sala este año* a *Me gustaría escribir la gran novela sobre mi vida.*

Después de hacer el WOOP, puede ser útil, dependiendo del proyecto, usar sistemas de planificación específicos (si es un proyecto de trabajo, por ejemplo, puedes usar el diagrama de Gantt), pero es importante hacer el WOOP antes de usar estas herramientas, porque te ayuda a resaltar algunos aspectos que esos sistemas de planificación no tienen en cuenta.

WOOP es el acrónimo en inglés de *Wish, Outcome, Obstacle, Plan*: deseo, resultado, obstáculo, plan. Es una herramienta narrativa porque nos permite entrar en una dimensión de escucha y comprensión, pero con un componente esencial de diseño. La razón por la que una herramienta de este tipo puede serte útil es que nos permite autoeducarnos y verificar nuestros deseos.

Por lo tanto, no es una varita mágica —ninguna técnica lo es— pero activa un proceso de comprensión y es una herramienta que se puede utilizar siempre que necesites apreciar la complejidad de una situación, en especial cuando los obstáculos son recurrentes. Esto es importante si quieres activar un proceso de florecimiento personal: si te sales del camino y te liberas de la presión social, será mucho más difícil entender de vez en cuando lo que realmente quieres hacer, cómo quieres usar tu energía, porque no habrá ninguna autoridad externa que te dé instrucciones.

El sentido de tu vida, tus valores, tus elecciones son tu responsabilidad, y para asegurarte de que el peso no se vuelva abrumador, debes encontrar un equilibrio entre la contemplación y la actividad, entre la escucha profunda y la planificación.

La planificación es una acción árida si no se apoya en las emociones y los deseos, en el sentido de la vocación. Si, por el contrario, la planificación es posterior a la escucha de uno mismo, se hace imprescindible traer al mundo lo que se escucha. Puedes desear mil cosas pero no puedes lograrlas todas, así que tienes que entender a qué dedicar tiempo y energía. Es un juego, es un pretexto para sentirte en consonancia con la propia vocación, pero para que te sientas dentro del juego mientras juegas —para que te sientas plenamente implicado— tienes que elegir a qué juego jugar y, al menos por el momento, excluir a los demás.

Nuevamente, se trata de remover tantos topes como sea posible y ver los obstáculos de frente, hacia el que nos sentimos instintivamente impulsados a dirigir la mirada. *¿Por qué no puedo aprobar los exámenes? ¡Esta vez pensaré positivo y estarán bien!* Tal pensamiento es reconfortante, pero corre el riesgo de impedirte responder en realidad a las preguntas: ¿Por qué no puedes superarlos? ¿Qué pasa cuando lo intentas? ¿Hay alguna condición dentro y fuera de ti que lo impida?

Oettingen nos invita a hacernos estas preguntas y nosotros te invitamos a escribirlas en el papel. Puede que te moleste darte cuenta de que si tus proyectos siempre se detienen en la misma etapa, hay algo que está sucediendo y que necesita ser visto. A veces depende de ti, de comportamientos y resistencias que no ves, otras veces de los demás, del entorno que te rodea, y muchas veces depende de todas estas cosas juntas. WOOP es, por lo tanto, un método para tratar de ver las cosas de una manera más objetiva y honesta, en primer lugar hacia ti mismo. Y la honestidad hacia uno mismo puede doler, porque invita al cambio.

No se trata pues de tener el control —es imposible tener el control de todo— sino de tener conciencia y prever lo que puede provocar la interrupción del proyecto y, por tanto, impedir que el deseo se realice. Se trata de liberarnos del culto al optimismo, porque muchas veces esconde emociones no resueltas y negativas, que, como hemos dicho, son en cambio un gran combustible y nunca deben ser censuradas. Si tienes ansiedad y miedo, admítelo, no lo escondas, porque incluso esos son obstáculos que pueden convertirse en peldaños.

FE EN EL PENSAMIENTO POSITIVO

Gabriele Oettingen se mudó de Alemania a los Estados Unidos cuando era adulta para enseñar, y de inmediato quedó impresionada por la creencia general en el pensamiento positivo. La idea es que ser positivo te ayuda a superar las dificultades, aunque muchas veces equivale a esconder pensamientos, dudas, vulnerabilidad cuando alguien, por ejemplo, te pregunta *¿Cómo estás?* La impresión de Oettingen es que responder fuera del patrón clásico *¡Muy bien, gracias!*, puede causar molestia en el interlocutor, como si se estuviera violando una convención social.

Una vez, un profesor de la Universidad de Filadelfia le confió que había contado algunas vicisitudes complicadas de su vida durante un consejo de facultad y que había recibido muchas críticas de sus colegas, porque su actitud era demasiado negativa y habría afectado a otros. Básicamente, puedes sufrir y ser negativo, pero guárdatelo, no nos influyas, siempre tienes que mantenerte positivo.

Al principio Oettingen, que venía de una cultura del todo diferente, lo percibió como una actitud no victimista, que llevaba a la acción y al buen humor, pero luego se preguntó si realmente funcionaba, y decidió responder con las herramientas de la psicología clínica.

Al principio comenzó a examinar las diferencias entre la cultura de Alemania Oriental y Occidental, para tratar de comprender cómo el entorno influía en el estado psicológico de las personas. Aunque el estado comunista afirmaba cuidar de todos y los ciudadanos estaban convencidos de ello, Oettingen descubrió que esos mismos ciudadanos tenían los signos más evidentes de depresión. Sin embargo, cuando les habló, los escuchó referirse a un optimismo ciego y a la idea de un futuro mejor.

¿Qué es el optimismo? Según Martin Seligman, fundador del movimiento de psicología positiva, el optimismo es la confianza en el futuro que se basa en experiencias pasadas exitosas. El optimismo, está por tanto, ligado a la experiencia y a una especie de círculo virtuoso que nos ayuda a aumentar la confianza en nosotros mismos, en el mundo y en el futuro a través de nuestras acciones.

Pero lo que Oettingen experimentó en Alemania del Este no fue un optimismo basado en experiencias pasadas, sino sobre el *sueño*, que Seligman y otros psicólogos positivos no habían considerado. Un amigo pintor le confió que no tenía herramientas para pintar y que claramente percibía la molestia de las autoridades hacia su deseo de hacer arte, pero vivía en la creencia de que algún día iría a París. Era solo un ensueño, y era casi imposible que se hiciera realidad durante los años de la Guerra Fría, pero ese sueño le permitió no mirar la realidad con objetividad.

Aquí está el punto. La mayoría de nosotros vivimos de estas fantasías que, sin embargo, están desconectadas de la realidad de los hechos y, a menudo, esconden el miedo a realizarlas. Soñar con un viaje alrededor del mundo es muy diferente a intentar hacerlo realidad, a intentar prever y superar los obstáculos. Solo soñarlo —quizá decir que podemos hacerlo cuando nuestros hijos sean grandes, cuando de repente nos volvamos ricos, cuando hayamos resuelto una serie de compromisos que nos mantienen clavados en nuestro escritorio en la oficina— significa aceptar que nunca sucederá, pero al mismo tiempo es reconfortante y nos da una leve sensación de felicidad, como si estuviéramos a un paso de partir. Esto sucede porque los obstáculos desaparecen en el ensueño.

Por lo tanto, a mediados de los años ochenta, Oettingen comenzó a preguntarse cuál era el papel de las fantasías positivas en la experiencia humana y cómo influían en nuestra vida, nuestro comportamiento y el cumplimiento de nuestros deseos. Básicamente, si por un lado está el optimismo ligado a la experiencia —Cristiano Ronaldo y Billie Eilish, además de tener un talento extraordinario, tienen la experiencia de sus éxitos realizados, por lo que es más probable que sean optimistas ante un nuevo deseo por cumplir—, en cambio, hay ensoñaciones que no tienen nada que ver con experiencias pasadas en las que hayamos logrado algo similar, sino que muchas veces tienen que ver con nuestras resistencias, con experiencias recursivas, con círculos viciosos en los que hemos estado durante años.

¿Soñar despierto con poder terminar todos los exámenes universitarios en muy poco tiempo —después de años de estudio errático, cambios de facultad y contratiempos— hace que las cosas realmente mejoren, o no?

En la década de 1990, Oettingen decidió responder a esta pregunta comenzando con un estudio de veinticinco mujeres que habían iniciado un proceso de pérdida de peso. Trató de entender qué percepción tenían estas mujeres sobre su deseo de perder peso, las posibilidades de éxito y los escenarios futuros que imaginaban, y trató de hacerse una idea de su visión del programa que habían comenzado a seguir. Después de un año descubrió que las mujeres que veían factible el proyecto, en realidad, habían tenido mejores resultados que aquellas que pensaban que no podían hacerlo, pero aquellas que tenían una visión idealizada del camino tenían resultados similares a aquellas que habían imaginado un resultado negativo.

A partir de este primer experimento Oettingen comenzó a realizar muchos otros sobre grupos de personas que debían afrontar un camino con un desenlace incierto —su graduación, la convalecencia tras una operación de cadera—para llegar a reunir cada vez más pruebas de que fantasear con la consecución de un objetivo no ayuda a lograrlo, y que además tiene un resultado similar cuando piensas que no puedes hacerlo.

Es más: los estudios de Oettingen se publicaron en muchas revistas y se sometieron a revisión por pares, pero algunos especialistas argumentaron que los resultados eran absurdos e inimaginables, ignorando los datos recopilados. Esto sucede porque la idea de que soñar despierto y ser positivo es un dogma de nuestra sociedad, y nos parece contradictorio darnos cuenta de que es una falsa creencia. Pero tiene que ver con el sentido común: para poder lograr algo tienes que lidiar con tus capacidades, con tus resistencias, con las experiencias negativas que has acumulado a lo largo de los años, con la forma en que te afecta el entorno. Si, por el contrario, pasamos por alto todo esto y vemos solo la meta, convenciéndonos de que las dificultades no existen, cuando aparezcan las dificultades —porque aparecerán, sobre todo en un camino largo— no tendremos los recursos y las herramientas para superarlos.

Por lo tanto, no se trata de tener pensamientos negativos, sino de utilizar los obstáculos como trampolines para cumplir los deseos. Es la razón por la cual Oettingen continuó realizando experimentos cada vez más grandes y desafiantes, para recopilar más y más datos que pudieran ser evaluados por la comunidad científica y no parecieran solo coincidencias aleatorias, y decidió desarrollar un método que puso el obstáculo en el centro: el WOOP.

EL WOOP

Te hemos hablado de vocación, valores, *daimon*, pero estos aspectos contemplativos necesitan manifestarse en la acción, y la acción se compone de dificultades, imprevistos, probabilidades, resistencias.

La idea del woop proviene del contraste mental, que Oettingen define como una *estrategia metacognitiva*, porque proporciona una mayor conciencia de los propios pensamientos e imágenes mentales. Esto sucede porque, por lo general, nos enfocamos en soñar despiertos o en programaciones detalladas, pero es difícil darle realmente espacio a los pensamientos que tenemos, a cómo imaginamos nuestra vida futura. Si nuestro proyecto es comprar una casa, dedicaremos mucho tiempo a soñar despiertos (nuestra casa de ensueño, nuestra vida ideal) y a asuntos prácticos (hipoteca, escrituración, reforma), pero nos costará unirlos.

Esta es la razón por la que recomendamos hacer el woop por escrito, con lápiz y papel. Tardarás un poco más, pero la experiencia será muy diferente. No es un diario y no es una hoja de cálculo de Excel, pero te permite reunir emociones, deseos, valores, miedos y habilidades de planificación, mirar en blanco y negro las cosas que tal vez piensas pero censuras, y para las que no encuentras espacio en un plan de negocios o en el calendario de Google.

Se trata de un ejercicio que puedes realizar cuando quieras entender cómo cumplir un deseo laboral, personal, relacionado con tu cuerpo o tu vida futura. Lo esencial es tu voluntad de observar los condicionamientos personales y del entorno que te rodea que, generalmente, tiendes a ocultar (quizás aún no has escrito la gran novela que tienes en mente porque no has abierto una hoja de Word), y crear una atmósfera de concentración y autenticidad, y hay que apresurarse a terminar el ejercicio.

El WOOP te permite descubrir muchas cosas: por ejemplo, que lo que crees que llevas tiempo queriendo no te interesa realmente o ya no te importa, o que requiere una cantidad excesiva de energía y que, en cambio, lo que quieres es algo por completo diferente.

La primera parte del ejercicio te ayuda a comprender si el deseo que tienes en realidad te excita y si vale la pena el esfuerzo, mientras que la segunda parte te ayuda a comprender cuáles son los obstáculos y, por lo tanto, planificar la acción. De hecho, este ejercicio surge de la unión entre los estudios de Oettingen y los de su marido Peter Gollwitzer, psicólogo experto en la implementación de intenciones, es decir, la forma en que los objetivos y planes de acción influyen en el comportamiento, la implicación emocional y la conciencia personal.

Así que veamos cuáles son los puntos que aborda el WOOP y cómo te sugerimos hacer el ejercicio.

DESEO

El primer punto es el deseo: ¿cuál es el deseo que más te excita ahora mismo? El más importante, en el que piensas con más frecuencia, que te asusta, pero que realmente quieres lograr. También podría ser una inquietud que deseas resolver.

Tómate tu tiempo para formularlo, porque puedes darte cuenta de que es bastante confuso. Escríbelo en un papel lo más completo posible ya que te ayudará a imaginarlo mejor.

RESULTADO

¿Cómo será tu vida una vez que se cumpla este deseo? ¿Será diferente? ¿Habrá cambiado sustancialmente? Tómate unos minutos para imaginarlo, es posible que te des cuenta de que nunca habías pensado en ello, que no vale la pena el esfuerzo para ese proyecto, o qué es justo lo que debe hacerse.

Imagina lo más vívidamente posible el escenario futuro, aquel en el que se cumplirá tu deseo. Tómate un tiempo para hacer esto y describe los cambios en ti mismo, en otras personas, en tu entorno. No se excluye que, en este punto, te des cuenta de que el cumplimiento del deseo requiere un gran esfuerzo pero no traerá ningún cambio real en tu vida. En ese caso, puedes decidir que ese deseo no está listo para convertirse en un proyecto, o es un deseo inducido (una compra muy costosa que realmente no importa), y luego, también puedes detener el WOOP aquí y pensar a qué otro deseo le puedes prestar atención.

OBSTÁCULO

Cuando queremos hacer realidad un deseo, no podemos pensar que todo irá sobre ruedas, siempre vendrán obstáculos y serán de diferentes tipos: internos, externos, provenientes de otras personas o del entorno en el que vivimos. Este es el punto más complejo, y a veces doloroso, del WOOP, porque se te pide una sinceridad extrema. Si comienzas a recorrer el camino de la realización de los deseos,

¿qué te imaginas que podría pasar? A la luz de lo que sabes de ti mismo, de tu entorno y de las condiciones concretas, ¿qué obstáculos puedes ya prever? ¿Podría un ser querido resentirse contigo si comienzas a dedicar mucho tiempo a tu proyecto? ¿Podrían tomar el control el miedo y el síndrome del impostor? ¿Qué cosas suelen pasar dentro de ti cuando comienzas a hacer algo que te conmueve profundamente? ¿Cuáles son los obstáculos concretos? ¿Te faltan los recursos económicos necesarios, necesitas que otras personas trabajen contigo, te falta tiempo?

Escribe todo esto, pero no te limites a hacer una lista: describe los estados emocionales, entra en detalles, trata de tener la visión más clara posible. No podrás predecir todo, pero puedes ser consciente de lo que ya sabes.

Necesitamos sinceridad porque, por lo general, evitamos indagar a profundidad, sobre todo cuando se trata de obstáculos internos o de las reacciones de las personas que amamos y, en cambio, es sumamente útil observar la situación, comprender por qué los proyectos, a menudo, se interrumpen y se dejan de lado, cómo se dispersa la energía, cuántos sentimientos de culpa y miedos entran en juego. Ver no significa resolver, pero puede dar paso a reconocer puntos críticos, notar cosas que siempre están bajo nuestras narices pero que permanecen invisibles. Puede que sientas que necesitas ayuda para superar una dinámica psicológica que te lleva al autosabotaje, o que te des cuenta por primera vez de que una persona a tu lado te impide expresarte y hace que te distraigas cada vez que inicias un proyecto personal.

«El obstáculo puede ser un comportamiento, una emoción, un pensamiento obsesivo, un impulso, un mal hábito, una suposición o, simplemente, una actitud tonta y vanidosa. A veces, se necesita un poco más de paciencia para comprender de verdad tus barreras internas y darte cuenta de lo poco confiables que son tus comportamientos y reacciones. Al principio, apegarse a este proceso puede ser difícil, ya que, a menudo, se nos disuade de mirarnos con honestidad a nosotros mismos. En varios casos, descubrirás algo sobre ti mismo que nunca habías pensado o comprendido. De esta forma, llegarás a lo que en alemán se llama *Durchblick*, que es una visión más clara de tus deseos o preocupaciones, y de otros aspectos de tu vida», escribe Gabriele Oettingen en *No pienso positivamente*.

PLAN

El plan tiene que ver con los estudios de Peter Gollwitzer y se refiere a la fórmula del periodo hipotético *Si... entonces*: si aparece cierto obstáculo, entonces tomaré esta acción. Parece obvio, pero la investigación de Gollwitzer muestra que, en realidad, nunca usamos esta fórmula. El discurso es el de siempre: evitamos mirar los obstáculos, y si los vemos no planificamos cómo actuar en caso de que se presenten, aunque es bastante sencillo.

Básicamente, si has enumerado los obstáculos internos y externos que podrían surgir —seguro muchos no serán predecibles o no podrás imaginarlos, porque, como cualquier ser humano no tienes control sobre todo y no eres omnisciente—, trata de entender cómo podrías reaccionar cuando se manifiesten: *si se presenta la situación x, entonces usaré la respuesta y.*

Esta no es una promesa que te haces a ti mismo —del tipo *no me desanimarán las dificultades*— porque no es algo concreto y, además, no es honesto. Si hasta ahora te ha costado completar esa tarea, escribe que cuando estés a punto de rendirte, te obligarás a no recurrir a una nueva estrategia, sino a un sueño.

Para planificar cómo superar los obstáculos hay que ser honesto con uno mismo, predecir realmente cuándo querremos soltarnos. El WOOP nos ayuda en esto: nos permite tener una visión más honesta y compleja de lo que queremos lograr, sin censuras, sin promesas, sin salidas fáciles si el deseo que tenemos es complicado. No idealices la planificación: intenta comprender, a la luz de tus características y experiencias pasadas, lo que en realidad podría funcionarte.

Esto también ayuda a conocerse, porque tal vez seas una persona a la que le encanta planificar, pero que cuando no lo logra explota a cada momento. Y por eso, en esta fase es fundamental reconocerlo, sin juzgarse.

La planificación nos ayuda a ser honestos, a tener en cuenta una serie de dificultades y criticidades recursivas que surgen cuando estamos haciendo algo que nos importa —por ejemplo, la ansiedad y el miedo a no tener éxito—, y a aprovechar las oportunidades que puedan aparecer.

¿Por qué es importante aprender a planificar? No para tener el control de las cosas, no porque tu valor esté ligado a lo que haces, sino porque los proyectos sirven para ganar experiencia y marcan las estaciones de tu viaje personal.

COMPRENDER SIGNIFICA ASOMBRARSE

El WOOP es una herramienta de contenido neutral, porque se puede aplicar a muchos contextos, a proyectos simples o complejos, a corto o largo plazo. Esto lo hace extremadamente flexible, pero para ello es fundamental hacerlo con la mejor actitud posible.

Oettingen recomienda hacer el WOOP en la mente o, si es por escrito, usar algunas palabras. En su lugar, te sugerimos que añadas en tu Diario del florecimiento los cuatro puntos (deseo, resultado, obstáculo, plan) y les dediques todo el tiempo que necesites. Comienza con el deseo, trata de averiguar cómo formularlo, y mientras lo haces notarás cuántas emociones te provoca —si es que las provoca— o cuán indiferente eres en realidad.

Una vez que tengas claro el deseo, pasa al resultado, luego a los obstáculos, luego al plan. No tengas prisa, no mires el reloj, presta la mayor atención posible a ese momento. El WOOP debe hacerse antes de comenzar un proyecto, preparar planes de negocios, tablas, documentos, para entender si realmente vale la pena hacer todos los esfuerzos necesarios y qué podría pasar con tu vida si los haces. Para ello, necesitas atención y espíritu narrativo, porque tendrás que reunir obstáculos concretos y resistencias emocionales, con la voluntad de admitir —quizás— que aquello en lo que te estás embarcando no es el proyecto adecuado para ti.

Cuando realizas este ejercicio, de hecho, nunca sabes lo que descubrirás, pero lo que puedes esperar es que ilumine algunos aspectos que rara vez enfrentan quienes están a punto de comenzar un proyecto.

Te aconsejamos que inicialmente te enfoques en el deseo más importante que te gustaría lograr en los próximos meses, y luego repitas el ejercicio examinando otros cuatro deseos de este periodo relacionados con el trabajo, la vida personal, cuestiones prácticas que te gustaría resolver. Para cada deseo se debe realizar un WOOP específico, enumerando todos los puntos cada vez. Esto te ayudará mucho no solo a entender cuáles son tus prioridades en este momento y a qué cosas en realidad te puedes dedicar —y evitar así tener mil proyectos a la vez sin terminar ni uno—, sino que te permitirá tener más claridad en la siguiente fase de diseño y en el trabajo diario de realización.

Este es un ejercicio simple y de sentido común, pero ofrece resultados increíbles cuando realmente se practica.

Y ahora 6 o 9. Su forma es completamente idéntica si lo piensas bien. La capacidad de reconocer su valor depende de la posición desde la que observamos estos números. No basta con que el 6 o el 9 estén en la dirección correcta: tú también debes estar en la dirección correcta. Un 6 erguido cuando tú estás al revés es un 9. El hecho es que la realidad es una red inmensa de relaciones, como bien explica Carlo Rovelli, y las entidades no son más que nodos efímeros de esta red. Sus características y propiedades, como nos enseña la física cuántica, no son fijas y determinadas para siempre, sino que solo se manifiestan en el momento de su relación con otra cosa. Lo absoluto, lo universal, no existe, y cualquier visión de la realidad no es más que una perspectiva parcial.

Ahora te recomendamos que vayas al capítulo 9.

O puedes ir al capítulo 6. ¿Qué vas a hacer?

12
CONCLUSIONES.
CULTIVAR EL ASOMBRO

ERRADICAR LA IMPORTANCIA PERSONAL

En este punto, antes de irnos, tenemos el deber de evitar un riesgo: el de que, a fuerza de mirar dentro de ti, observarte, comprenderte, ponerte a prueba, hayas desarrollado una *importancia personal excesiva*. Ese *Conócete a ti mismo*, en otras palabras, se ha impuesto sobre el cuidado de sí.

No es nada problemático: es una fase fisiológica. Pero no debemos demorarnos, hay que seguir adelante, porque la mayoría de los *aprendices de filósofo* (o de brujo, tú eliges) se detienen aquí y no continúan. Hablando de *brujería*: tomemos el concepto de importancia personal de Carlos Castaneda, del que su maestro de filosofía don Juan, en *El fuego interno*, explicaba la ambivalencia radical. Por un lado, la importancia personal condensa todo lo que hay de valor en nosotros y, por el otro, todo lo que está podrido. Deshacerse de él es una *obra maestra de la estrategia*, apreciada por visionarios de todas las épocas. La importancia personal, por lo tanto, es tanto el núcleo de *todo lo que hay de valioso en nosotros, como de toda nuestra podredumbre*. ¿Como es posible? Porque tiene que ver con el potencial que allí habita, con la sensación de tener algo dentro que nos supera. Sin embargo, este sentimiento se convierte en fuente de obsesión con uno mismo, y lleva a confundir el estar habitado por lo maravilloso con la idea de ser maravillosos.

En pocas palabras, te das demasiada importancia. Casi has terminado este libro porque pensaste que podrías encontrar algo útil para ti, precisamente en virtud de este gran valor que te das a ti mismo. El problema es que la importancia personal te empuja a buscar una nueva atención, de la que te vuelves cada vez más dependiente. Cuanta más atención recibes, más quieres. Tanto de los demás como de ti. Pierdes el tiempo construyendo una imagen de ti mismo que guste a los demás antes que a ti, pero a la que te sientes muy apegado. Y es por la importancia personal que te sientes ofendido si otros hacen algo contra ti. El peso del amor propio es, en realidad, un terrible obstáculo: no tienes que obligarte a ser importante. No tienes que preocuparte por ser del agrado de los demás. Deshazte de la chica buena y del chico bueno.

En los videojuegos RPG estratégicos por turnos y en los juegos de rol, en general, la capacidad de realizar una serie de movimientos especiales está ligada a indicadores específicos: el más común es la *barra de maná* o *barra mágica*, utilizada para llevar un registro de los puntos mágicos de un personaje. Es diferente de la barra de vida o la barra de energía vital, ya que indica cuánto eres capaz de resistir los choques externos. La importancia personal satura casi por completo la barra de maná durante tu turno en el juego de la vida: es fundamental como *activadora del camino*, porque si no te das importancia nunca empezarías, pero en el transcurso de la partida hay que aprender a deshacerse de ella, liberando la energía para enfrentarte con ella a lo desconocido.

CÓMO LIBERAR LA BARRA DE MANÁ

Como aprendiz que eres, tienes que volver a canalizar conscientemente esa energía de maná que sueles dispersar.

Debes distinguir, en la vida cotidiana, en las razones que nos empujan a actuar, el concepto de *impecabilidad* de la *moral religiosa*. Si la moral religiosa tiene que ver con la adhesión a la culpa y los conceptos de correcto o incorrecto, bueno y malo, ser impecable simplemente significa hacer el mejor uso de tu nivel de energía y asumir la responsabilidad total de tus decisiones.

Para ello, tienes que dejar de proyectar la imagen que has construido de ti mismo hacia los demás. El acto de 1) construir y 2) sostener una imagen tuya es un enorme desperdicio de energía, al que hay que sumar 3) el esfuerzo constante por mostrar esta imagen a los demás, y 4) asegurarse de que la hayan visto bien. Basta deshacerse de estas cuatro fases de dispersión para encontrar una barra de maná completa disponible, con la consiguiente posibilidad de *hacer* magia en la vida.

Debes tratar de escapar, en la medida de lo posible, del poder del orden social formado por el consentimiento de miles de millones de individuos, que produce una enorme presión social que te empuja a ser *similar entre los similares* y a conformarte con la mediocridad.

LAS FIGURAS CONSCIENTES

Comprometerse con engaños deliberados y acciones fuera de lo común. Tropezar, andar con marcas de chocolate en la cara o con dos zapatos diferentes, caer al agua, cantar en la calle, reír a carcajadas en el metro, ir de compras en pijama, ya ves. Una figura fea, si la miras con atención, no es más que un gesto considerado inadecuado por la sociedad en la que vives. Anota cada experiencia en tu Diario y cuenta cómo te fue y, de vez en cuando, vuelve a leer tus aventuras. Es fundamental que reconozcas los gestos realizados como inapropiados, como una ruptura con la rutina ordinaria. Hay muchas maneras de bajar un poco la importancia personal y reducir el tamaño para permitirte un mayor espacio de libertad, pero las rarezas voluntarias (si están bien organizadas) son una de las mejores herramientas. Las energías que usas para confirmar tu imagen externa ante los demás y ante ti son muchas, y aprender a prescindir de ellas te dará una gran fortaleza cada vez. El propósito no debe ser descolocar a los demás, sino descolocarte a ti. No tienes que sentir la carga de tener que mostrarle al mundo el sueño en el que caes: tienes que practicar observando tu mecánica, tu importancia personal.

No debes humillarte: debes descubrirte. Aprende a cambiar la perspectiva con la que vives el mundo como quieras. Detén este ejercicio cuando hayas disfrutado demasiado y el efecto de la emboscada se desvanezca dejando demasiado espacio para la ostentación.

LO QUE OTROS HACEN

Debes aprender a cambiar deliberadamente tu comportamiento, a romper de manera constante esa barrera invisible que te empuja a actuar como los demás. Sigue el consejo que su abuela moribunda le dio a Gurdjieff: «En la vida, nunca hagas lo que hacen los demás».

Cuando tu comportamiento se desvía de forma consciente de la rutina, tiene un efecto inusual en tu ser. Es similar a la sensación que tienen muchos marineros cuando regresan a tierra firme después de un largo viaje: sentirse *menos bloqueados*, más *libres al andar*. Para hacerlo bien, para que sea de *otra manera* hay que dar satisfacción a tu sentido estético. No basta con hacer cosas raras. Hay que hacer *bien* las cosas raras.

Este no es realmente el capítulo de conclusiones.

Es solo la última parada en el viaje para ayudarte a tomarlo con filosofía.

El capítulo de conclusiones es, en realidad, la primera página que encontraste, que no sorprende que se titule *Fin*.

Para terminar de leer el libro, vuelve a leerlo.

Te parecerá muy diferente de lo que era al comienzo del viaje.

ORIENTARSE EN EL LABERINTO

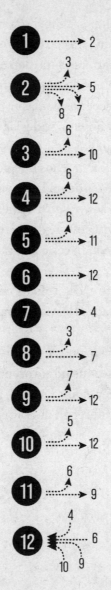

FUENTES*

BENJAMIN, Walter. *El narrador*, en: *Para una crítica de la violencia y otros ensayos*, Taurus Madrid, 1991.

BERGSON, Henri. *La filosofia come modo di vivere*, trad. it. por A.C. Peduzzi e L. Cremonesi, Einaudi, Torino, 2008.

BEY, Hakim. *TAZ. Zona Temporalmente Autónoma*, Enclave de Libros, Madrid, 2014.

BROME, Vincent. *Vida di Jung*, trad. it. por L. Schenoni, Bollati Boringhieri, Turín, 1994.

CASTANEDA, Carlos. *Las enseñanzas de Don Juan*, FCE, México, 2020.

CLEMENTE, Paolo M. *La deriva. Istruzioni per perdersi*, Tlon, Roma, 2020.

DENNETT, Daniel. *Bombas de intuición y otras herramientas de pensamiento*, FCE, México, 2015.

DICKINSON, Emily. *Poemas*, Editorial Planeta, México, 2019.

ENGELN, Renee. *Enfermas de belleza. Cómo la obsesión de nuestra cultura por el aspecto físico hace daño a chicas y mujeres*, HarperCollins Español, Nueva York, 2018.

FARID, ad-Dīn 'Aṭṭār. *El lenguaje de los pájaros*, Alianza Editorial, Madrid, 2015.

FISHER, Mark. *Realismo capitalista*, Caja Negra Ediciones, Buenos Aires, 2016.

FOUCAULT, Michel. *Tecnologías del yo y otros textos afines*, Paidós Ibérica, Barcelona, 1991.

FOUCAULT, Michel. *La hermenéutica del sujeto*, FCE, México, 2021.

---

* En los casos donde existe traducción al español, se indica esta. En los demás, se indica la fuente original. (N. del T.).

GROS, Frédéric. *Andar, una filosofía*, Editorial Taurus, Madrid, 2014.

GURDJIEFF, Georges I. *Perspectivas desde el mundo real*, Editorial Océano, México, 2016.

GURDJIEFF, Georges I. *Relatos de Belcebú a su nieto*, Editorial Océano, México, 2011.

HADOT, Pierre. *La ciudadela interior*, Ediciones Alpha Decay, Barcelona, 2014.

HEIDEGGER, Martin. *Nietzsche*, Editorial Ariel, Barcelona, 2018.

JODOROWSKY, Alejandro. *Donde mejor canta un pájaro*, Ediciones Siruela, Madrid, 2015.

JUNG, Carl G. *Obra completa*, Editorial Trotta, Madrid, 2016.

KINGSLEY, Peter. *En los lugares oscuros del saber*, Editorial Atalanta, Madrid, 2016.

KEAN, Sam. *Il duello dei neurochirurghi*, Adelphi, Milán, 2017.

LACAN, Jacques. *El seminario 3. Las psicosis*, Ediciones Paidós, Barcelona, 2017.

MUSIL, Robert. *El hombre sin atributos*, Austral, Madrid, 2010.

NEWPORT, Cal. *Minimalismo digital*, Editorial Paidós, Barcelona, 2021.

NIETZSCHE, Friedrich. *Fragmentos póstumos*, Editorial Tecnos, Madrid, 2010.

NIETZSCHE, Friedrich. *La voluntad de poder*, Editorial Edaf, Madrid, 2016.

NIETZSCHE, Friedrich. *Más allá del bien y del mal*, Alianza Editorial, Madrid, 2017.

OETTINGEN, Gabriele. *Io non penso positivo*, Tlon, Roma, 2017.

RICOEUR, Paul. *Sí mismo como otro*, Siglo XXI, México, 1996.

SARTRE, Jean-Paul. *La nausea*, Alianza Editorial, Madrid, 2011.

Troppe puttane! Troppo canottaggio! Da Balzac a Proust, consigli ai giovani scrittori dai maestri della letteratura francese, antologia curata e tradotta da Filippo D'Angelo, minimum fax, Roma, 2014.

WEIL, Simone. *Cuadernos*, Editorial Trotta, Madrid, 2001.

WEIL, Simone. *Poemas*, seguido de *Venecia salvada*, Editorial Trotta, Madrid, 2006.

FUENTES ANTIGUAS

El Corán, Austral, Barcelona, 2008.

EPICTETO. *Manual de vida*, José J. de Olañeta Editor, Palma de Mallorca, 2014.

MARCO AURELIO. *Meditaciones*, Editorial Gredos, Madrid, 2019.

PLATÓN. *Apología de Sócrates*, en *Diálogos I*, Editorial Gredos, Madrid, 2019.

PLATÓN. *República*, en *Diálogos IV*, Editorial Gredos, Madrid, 2016.

SÉNECA. *Obras*, Editorial Gredos, Madrid, 2016.

Santa Biblia, Reina Valera Revisada. HarperCollins Christian Publishing, Nashville, 2018.

BIBLIOGRAFÍA RAZONADA.
CINCO LIBROS PARA PROFUNDIZAR EN CADA CAPÍTULO

FIN Y PREÁMBULO

BORGES, Jorge Luis. *Ficciones*, DeBolsillo, 2011.

FARID, ad-Dīn 'Aṭṭār. *El lenguaje de los pájaros*, Alianza Editorial, Madrid, 2015.

HADOT, Pierre. *Ejercicios espirituales y filosofía antigua*, Ediciones Siruela, Madrid, 2006.

SHIYUAN, Guoan. *Los diez bueyes y tres canciones zen*, José J. de Olañeta Editor, Palma de Mallorca, 2011.

WEIL, Simone. *La persona y lo sagrado*, en: *Primeros escritos filosóficos*, Editorial Trotta, Madrid, 2018.

1. CONFIANZA

CARRÈRE, Emmanuel. *Yo estoy vivo y vosotros estáis muertos*, Editorial Anagrama, Barcelona, 2019.

FREUD, Sigmund. *La histeria*, Alianza Editorial, Madrid, 2015.

LIEBERMAN, Matthew D. *Social: Why Our Brains Are Wired to Connect*, Crown Publishing, Nueva York, 2013.

PLATÓN. *Teeteto*, en *Diálogos V*, Editorial Gredos, Madrid, 2016.

2. UN ESTADO DE GRACIA. FELICIDAD Y FLORECIMIENTO

ARISTÓTELES. *Ética a Nicómaco. Ética Eudemia*, Gredos, Madrid, 2020.

GALIMBERTI, Umberto. *Los mitos de nuestro tiempo*, Debate, Madrid, 2013.

MARCO AURELIO. *Meditaciones*, Editorial Gredos, Madrid, 2019.

PUTNAM, Hilary. *El desplome de la dicotomía hecho/valor y Otros ensayos*, Editorial Paidós, Barcelona, 2004.

SU, Francis. *Mathematics for Human Flourishing*, Yale University Press, New Haven, 2020.

3. UNA EXPLOSIÓN DE CONCIENCIA. EL CUIDADO DE SÍ

CAPLAN, Mariana. *Con los ojos bien abiertos: La práctica del discernimiento en la senda espiritual*, Editorial Kairós, Madrid, 2011.

EPICURO. *Obras*, Editorial Cátedra, Madrid, 2000.

FOUCAULT, Michel. *La hermenéutica del sujeto*, FCE, México, 2021.

LANIER, Jaron. *Diez razones para borrar tus redes sociales de inmediato*, Editorial Debate, Madrid, 2018.

4. UNA GESTIÓN ARMÓNICA. LA BREVEDAD DE LA VIDA Y LA TEMPLANZA

ARENDT, Hannah. *La condición humana*, Editorial Paidós, Barcelona, 2016.

HAN, Byung-Chul. *La expulsión de lo distinto*, Editorial Herder, Barcelona, 2018.

GURDJIEFF, Georges I. *Perspectivas desde el mundo real*, Editorial Océano, México, 2016.

PLATÓN. *Fedro*, en: *Diálogos III*, Editorial Gredos, Madrid, 2016.

SÉNECA. *De la brevedad de la vida*, en: *Obras*, Editorial Gredos, Madrid, 2016.

5. UNA MULTIPLICIDAD INFINITA DE PEQUEÑOS YOES. LLEGAR A CONOCERTE

DENNETT, Daniel. *Bombas de intuición y otras herramientas de pensamiento*, FCE, México, 2015.

NIETZSCHE, Friedrich. *Más allá del bien y del mal*, Alianza Editorial, Madrid, 2017.

OUSPENSKY, Pëtr D. *Fragmentos de una enseñanza desconocida*, Editorial Océano, México, 2013.

ROVELLI, Carlo. *Helgoland*, Editorial Anagrama, Barcelona, 2022.

TABUCCHI, Antonio. *Sostiene Pereira*, Editorial Anagrama, Barcelona, 2019.

6. EL CAMINO QUE NO LLEVA A NINGÚN LUGAR. VOCACIÓN Y TALENTO

CASTANEDA, Carlos. *Las enseñanzas de Don Juan*, FCE, México, 2020.

CLEMENTE, Paolo M. *La deriva. Istruzioni per perdersi*, Tlon, Roma, 2020.

DEBORD, Guy. *La Deriva*, en: *Nacimiento de la Internacional Situacionista*, Materia Oscura Editorial, Segovia, 2021.

HILLMAN, James. *El código del alma*, Martínez Roca, Barcelona, 1999.

WAPNICK, Emilie. *Diventa chi sei. Una pratica guida per persone creative che hanno molteplici passioni e interessi*, MGMT, Bologna, 2018.

7. ETIQUETAS REMOVIBLES. CÓMO INVENTAR VALORES

BEY, Hakim. *TAZ. Zona Temporalmente Autónoma*, Enclave de Libros, Madrid, 2014.

DEMENT, William. *The Promise of Sleep*, Delacorte Press, New York, 1999.

HADOT, Pierre. *La ciudadela interior*, Ediciones Alpha Decay, Barcelona, 2014.

HARARI, Yuval Noah. *Homo Deus, breve historia del mañana*, Editorial Debate, Madrid, 2020.

NIETZSCHE, Friedrich. *Así habló Zaratustra*, Alianza Editorial, Madrid, 2011.

8. UN ANILLO EN MEDIO DE UN VERTEDERO. TRANSFORMAR LA ANSIEDAD Y EL MALESTAR EN LÍNEA

BASAGLIA, Franco. *L'utopia della realtà*, Einaudi, Torino, 2005.

FISHER, Mark. *Realismo capitalista*, Caja Negra Ediciones, Buenos Aires, 2016.

HAN, Byung-Chul. *Psicopolítica*, Editorial Herder, Barcelona, 2014.

NEWPORT, Cal. *Minimalismo digital*, Editorial Paidós, Barcelona, 2021.

WILLIAMS, James. *Clics contra la Humanidad: Libertad y resistencia en la era de la distracción tecnológica*, Gatopardo Ediciones, Barcelona, 2022.

9. UNA CUESTIÓN DE ENFOQUE. EL PODER DE HABLARSE A SÍ MISMO

DICKINSON, Emily. *Poemas*, Editorial Planeta, México, 2019.

JODOROWSKY, Alejandro. *Donde mejor canta un pájaro*, Ediciones Siruela, Madrid, 2015.

JUNG, Carl G. *Obra completa*, Editorial Trotta, Madrid, 2016.

MONTESANO, Giuseppe. *Come diventare vivi*, Giunti, Milano, 2017.

SZYMBORSKA, Wisława. *La alegría de escribir*, en: *Poesía no completa*, FCE, México, 2021.

10. EL DESAFÍO DE LA IMAGINACIÓN. FUERZA Y FRAGILIDAD

BROWN, Brené. *El poder de ser vulnerable*, Ediciones Urano, Barcelona, 2016.

EVANS, Brad and REID, Julian. *Resilient Life. The Art of Living Dangerously*, Polity Press, Cambridge, 2014.

SARTRE, Jean-Paul. *El ser y la nada*, Editorial Losada, Buenos Aires, 2004.

TALEB, Nassim. *Antifrágil*, Ediciones Culturales Paidós, Barcelona, 2019.

WHITMAN, Walt. *Hojas de hierba*, Editorial Lumen, Barcelona, 1991.

11. DE OBSTÁCULOS Y TRAMPOLINES. CÓMO REALIZAR TUS DESEOS

DELEUZE, Gilles y GUATTARI, Félix. *El Anti-Edipo, capitalismo y esquizofrenia*, Editorial Paidós, México, 2009.

EPICTETO. *Manual de vida*, José J. de Olañeta Editor, Palma de Mallorca, 2014.

KEAN, Sam. *Il duello dei neurochirurghi*, Adelphi, Milano, 2014.

LACHMAN, Gary. *La stella nera*, Tlon, Roma, 2019.

OETTINGEN, Gabriele. *Io non penso positivo*, Tlon, Roma, 2007.

12. CONCLUSIONES. CULTIVAR EL ASOMBRO

CASTANEDA, Carlos. *El fuego interior*, Editorial Emecé, Buenos Aires, 1986.

GARFINKEL, Harold. *Studies in Ethnomethodology*, Polity Press, Cambridge, 1984.

GROS, Frédéric. *Andar, una filosofía*, Editorial Taurus, Madrid, 2014.

GURDJIEFF, Georges I. *Relatos de Belcebú a su nieto*, Editorial Océano, México, 2011.

ROWLING, J. K. *Harry Potter*, 7 vols., Penguin Random House, México, 2020.